正能力十书

仁者得事业

甲子 编著

二十一世纪出版社集团
21st Century Publishing Group
全国百佳出版社

图书在版编目（CIP）数据

仁者得事业 / 甲子编著. -- 南昌： 二十一世纪出版社集团，2018.6

ISBN 978-7-5568-2756-5

Ⅰ. ①仁… Ⅱ. ①甲… Ⅲ. ①人生哲学—通俗读物 Ⅳ. ①B821-49

中国版本图书馆 CIP 数据核字 (2017) 第 144036 号

仁者得事业 甲子/编著

策　　划　张　明
责任编辑　敖登格日乐
出版发行　二十一世纪出版社集团
（江西省南昌市子安路75号　330009）
www.21cccc.com　cc21@163.net
出 版 人　张秋林
经　　销　新华书店
印　　刷　北京正合鼎业印刷技术有限公司
版　　次　2018年6月第1版　2018年6月第1次印刷
开　　本　787mm × 1092mm　1/16
印　　张　17
字　　数　250千字
书　　号　ISBN 978-7-5568-2756-5
定　　价　39.80元

赣版权登字—04—2017—531

目录

修身卷

第一

原文

凡欲治人，先须正己。孔子曰:“其身正，不令而行；其身不正，虽令不行。”(《作邑自箴》)

译文

凡是想要治理好民众的人，首先必须要端正自己。孔子说:“统治者自己的行为端正，即使不发布命令，百姓也会服从，做自己应做的事；但如果统治者自己的行为不端正，那么即使发布命令，百姓也不会服从。”

解读

无论是古代还是现代，对当官的人都是有严格要求的，首先要求的就是自身要端正。因为一个官员就是一个榜样，如果这个榜样自身没有一身正气，如何来管理别人、教化别人呢？所以当官者必须要有一身正气。

案例

包拯教子

俗话说，身不正则影子歪，如果一个官员不能自己做出榜样，而希望管理好老百姓，这就如同身歪却要求影子正直一般荒唐。所以，管理者要想管理好百姓，就必须端正好自己，只有这样才能获得百姓的信赖和支持。

北宋的名臣包拯为官公正清廉，被老百姓尊敬地称为“包青天”。他不仅在官场上清正廉明，对待自己的家人也一样铁面无私。

有一天，包拯去陈州灾区放粮，灾民们纷纷跑来向他告状，而被告正是他的亲人包勉。一问才知，原来包勉在沙县做知县时，私自吞占了救灾粮款而闹出人命。尽管包勉因此而丢了官，但百姓们觉得对他的惩罚太轻了，于是又到包拯那里状告他。

听了百姓们的陈述，包拯非常生气，于是叫人把包勉抓来问罪。包勉很快就招了自己的罪状，不过他也请求包拯能够看在他母亲的分儿上饶他一命，并坚定地表示，以后再也不会胡作非为，做伤天害理的事情了。

包勉拿他的母亲来做挡箭牌是有原因的。因为在包拯出生后，他的父亲因为觉得他的皮肤实在是太黑了就把他当成了怪胎抛弃了，是他父亲的大哥即包拯大伯又偷偷把他捡了回来。而当时大伯母王凤英生下包勉才一个多月，同时带两个孩子，不仅精力照顾不过来，奶也不够吃。为了养活包拯，王凤英忍痛将自己的儿子寄养到别处，抚养包拯到7岁。所以包拯喊伯母叫“嫂娘”。

包勉以为一提母亲，包拯就会心软。可包拯却想：嫂娘一直就教导自己做官要清正，替老百姓干好事，我要是考虑私情而有意包庇，这不符合她的心愿。只要我给她养老送终，嫂娘是不会怪罪的。

但当包勉的母亲听到儿子要被治罪了，一时想不开，心里非常难过。她找到包拯想替包勉求情。包拯诚恳地对她说：“嫂娘，侄子有罪，应当与民同治。如果治了罪，就是出于公心；如果不治罪，那我就是徇私包庇了。嫂娘一向正直，并且一再教育我为官清廉，如果包庇了侄子，叫我以后如何公正地为百姓做事呢？”嫂娘听了，觉得包拯的话很有道理，便擦干了眼泪说：“人家都称你‘包青天’，这是咱家的光荣，你就按法律处置吧。”

为了防止自己的家人子弟再利用权势为己谋私，他还自述家训：“后世子孙仕宦，有犯赃者，不得放归本家；亡殁之后，不得葬于大茔之中。不从吾志，非吾子孙。”

包拯正是靠着自己一生大公无私，清正廉明，才受到百姓的尊敬与爱戴，也在短短的一年时间内，把号称难治的开封府，治理得井井有条。

原文

治本，君子之身是也。身一也，有化所资以立者，有政所由以成者。化所资立曰德，政所由成曰才。古人推准动化，得此而已。然古人邈矣，简策有幸存而未泯者，庸可不尽心乎？敬稽经订传，得若干条，列为八目，以备治本之鉴。曰学问、克励、采纳，所以兼乎二者；曰心术、器度、言貌、服御，所以成德；曰才识，所以广才。所世君子，行有几乎此、言有翊乎此者，各附其后。世与有其责者，能条而鉴之，会以平昔所讲澄源立道之功，则古人出治之本，其在我矣。(《牧鉴》)

译文

所谓的治本，就是君子要提升自身的修养。自身修养达到了统一的境界，就具备了教化树立的凭借，就具备了理政成功的根由。教化树立的凭借叫德，理政成功的根由叫才。古人推演出准则感化了天下，是明白了这个道理。但是古人离我们很久远了，文字典籍有幸保存下来没有泯灭的，哪能不用心去研读呢？恭敬地对这些经典进行考证修订，得到了若干条，分为八个类别，以备治本的君子借鉴。叫学问、克励、采纳，这是同时用来修养德才二者的；叫心术、器度、言貌、服御，这是用来成就道德的，叫才识，这是用来增长才干的。近代的君子，行为有接近于这些、言论有佐证这些的，都附在后边。社会上赞许的有责任心的人，能逐条借鉴，结合往日所讲的正本清源树立正道的功劳，那么古人治理国家的根本，恐怕就在于我了。

解读

这里所讲的是当官者应该德才兼备，德和才从哪里来，不是凭空而来的，要从前人的经验和教训中得来。对于当前来说，不但要借鉴古代的经验，更要借鉴当代的；不但要借鉴中国的，还要借鉴国外的，只有这样，才能真正做到德才兼备。

案例

唐太宗与魏徵的故事

要成为一个德才兼备的人，孤芳自赏是很难实现的，应以人为镜、以史为镜，多吸取别人的经验教训，不断完善自己、让自己成为有修养、有能力的人。在历史上，唐太宗正是认真听取谏臣魏徵的话，以古为镜，以人为镜，才能不断审视自己、改正自己，使得自己成为一代明君，开创了“贞观之治”。

有一天，唐太宗去洛阳，途经河南，夜宿显仁宫，大队人马随之安顿下来，当侍女把茶端上来的时候，太宗一看，这些茶盘、茶杯都是几年前来这儿用过的旧银器，心里便非常不高兴，命人把总管叫来，狠狠地训斥了一通。总管心想：贞观初年，皇上您自己节省得很，怎么如今却挑三拣四了呢？尽管他这样想，但还是不得不认错，并赶紧命御厨给皇上的晚餐多加几样海鲜。到了晚上，当太宗来到餐桌前看了一眼晚餐，又龙颜大怒：“这是怎么回事？海味不见新奇，山珍又少得可怜。总管是怎么办事的，立刻把他贬为百姓！”

第二天，魏徵知道了事情的来龙去脉，便来到太宗面前。叙过君臣之礼后，魏徵转入正题：“陛下，臣闻皇上为总管侍奉不好而发脾气，臣以为这是个不好的苗头。”

唐太宗口气生硬地说道：“我大唐国家殷实，多花几个小钱有什么了不起？再说，我可是一国之君啊！”

魏徵深感唐太宗“当局者迷”，继续说道：“陛下，正因为您是一国之君，所以您一开头，马上上行下效，整个社会就要形成一种奢靡的风气，那就糟了。”

“爱卿，你不要把话说得这么严重。国君就我一人，其他人谁敢向我看齐？”

听到这话，魏徵越发感到问题的严重了，他想：皇上经常把隋亡的教训挂在嘴边，何不以此来警策皇上呢？

“陛下，当年隋炀帝巡游，每到一地，就因地方上不献食物或贡物不精而被责罚。如此无限制地追求享受，结果使老百姓负担不起，导致人心思变，江山丢失。皇上怎么能效法隋炀帝呢？”

唐太宗听了，非常震惊：“难道我这样做和隋炀帝没有什么区别吗？”

“是的，陛下！像显仁宫这样的晚餐，如果知足的话，是会感到非常满足的。但如果换作是隋炀帝，即使再多精美的食物，也难填他的欲壑。”

唐太宗听了既震惊又感动：“爱卿，如果不是你以隋炀帝来劝说我，我可能到现在都还会执迷不悟啊！”

从此，唐太宗改掉了奢侈的不良习气，励精图治，开创了“贞观之治”的繁荣局面。

唐太宗正是因为听取了魏徵的建议，吸取隋炀帝亡朝的教训，才能够修身治国，成为受人敬仰的一代明君。

原文

敬者，修身立政之本也。衣冠必正，立动心端，凡一毫谑浪之语，绝口不谈；一毫轻亵之事，绝戒不为；非礼嫌疑之地，绝足不至。虽对门吏，亦如严宾，则心志自定，瞻望自尊，可以远慢辱，可以杜谤议，所谓不怒而民威矣。(《政学录》)

译文

端庄和严肃，这是修养身心、推行政事的根本。穿着、举动都必须端正：绝对不讲一句戏谑放荡的话，绝对不做一点轻佻亵慢的事，绝对不去非礼嫌疑的地方。即使面对属下的小官吏，也像面对尊敬的客人一样，那么心神自然安定，人们的评价自然很高，这样就能够远离他人的轻慢和侮辱，也能够杜绝他人的诽谤和非议，和颜悦色就能使人民感觉到自己的威严。

解读

在强调德和才的同时，更要强调外在的形象和行为。也许有人认为这样的要求太严格了，不太适合现在的为官之道了。但是这其中有一个防微杜渐的道理。只要从小处严格要求自己，这样才不会在大处出现错误。当然在端庄和严肃的同时，更要有一种为官的从容和和气。

案例

齐桓公礼贤下士

为君者应当品行端正，注意自己的一言一行，但同时对待下属也要和气宽容，招贤纳士，收揽人心，做到礼贤下士，成就霸业方可指日可待。

春秋五霸之首齐桓公有个特殊的癖好，非常喜欢穿紫色衣服，上行下效，在齐桓公的影响下整个都城的人都穿上紫色的衣服。越来越多的人穿紫色衣服使得紫衣服极其贵，其他颜色的几匹布都比不上一匹紫色布的价钱。齐桓公对此非常担心，便召见管仲说："我好穿紫色的衣服，这使紫色的布料很贵，并且整个都城的百姓也跟风穿上紫色衣服，这个风气盛行，我如何是好呢？"

管仲献计说："想要阻止这种情况办法不是没有，从今往后您每天可以穿其他颜色的衣服，您还可以故意对侍从们说，我很不喜欢紫色衣服的气味。"

听了管仲的建议，只要穿紫色衣服来觐见的人，齐桓公就掩鼻说："不要过来，稍微退后点，我厌恶紫色衣服的气味。"

从这天开始，没有一个侍卫近臣再穿紫色衣服了；消息在都城传播很快，到第二天，城中也没有人穿紫色衣服了；第三天，国境之内也没有人再穿紫色衣服了。

齐桓公喜欢穿紫色的衣服，齐国都城里的人便都穿紫色的衣服，说明老百姓对君主的言行穿着是非常趋同的。这就是"上有所好，下必甚焉"的道理。

齐桓公礼贤下士的事颇多，齐桓公听说小臣稷是个贤士，渴望见他一面，便亲自拜见小臣稷，一天之中去了三次都没有见到。跟随他的人说："您贵为万乘的君主，见一个平民，一天去了三次都没有见到，既然没见到就算了吧。"齐桓公很有耐心地说："不是这样的。那些看不起高官厚禄的士人，当然会轻视他的君主；但是他的君主如果看不起中原霸主的地位，当然也会轻视士人。即使是小臣稷先生看不起高官厚禄，我又怎敢不把中原霸主的大业放在心上呢？"

五次前去拜访之后终于见到了小臣稷。天下的诸侯们听说了这件事之后，纷纷说："你看，齐桓公对待普通百姓都能够谦虚退让，何况国君呢？"于是越来越多有识之士来朝见齐桓公，并为齐桓公的霸业出谋划策。

齐桓公之所以在后来能成为春秋的第一个霸主，就是因为他求贤若渴，能放下身段，让有贤之士为他所用。

齐桓公的两则故事告诫人们，端正品行，方能上行下效，礼贤下士，方能招纳贤才。作为领导人或具有社会影响的公众人物，其一言一行必须谨慎，必须充分考虑社会影响，否则将造成严重的后果。

原文

士人第一要有志，第二要有识，第三要有恒。有志则不甘为下流；有识则知学问无尽，不敢以一得自足；有恒则断无不成之事。三者缺一不可。诸弟此时，惟（唯）有识不可骤几，有志有恒，则诸弟勉而已。（《曾国藩家书》）

译文

读书的人第一就是要有志气，第二要有学识，第三要有恒心。有志气就不甘于做地位低微的人；有学识就会知道学问是没有止境的，不敢因为有了一点知识就自我满足；有恒心就绝对没有办不成的事情。这三者缺一不可。目前的众位弟子中，只有此学识，但还没达到细微精深的地步，至于志气和恒心，则还需要众位弟子们继续努力。

解读

《曾国藩家书》不但是家教之书，更是为官之书，这里提到的三点，是为官必须要有的，仕途是要向上去的，所以就要有志气。但志大才疏是不能有所作为的，这就要有学识，学识从哪里来？从不断地学习和实践中来。光有志气和学识，如果不能坚持下去，也终会功亏一篑，因此还要有恒心，所以曾国藩在这里说，有恒心就绝没有办不成的事。

案例

苏秦锥刺股

有理想有志气方可前行；学识渊博，胆识过人方可做强；持之以恒坚持自己的理想并不断增加自己的学识方可行得远。

战国纵横家苏秦年轻时就立志要出人头地，在乱世中投靠明主做出一番伟业，踌躇满志的他决定去秦国。才继位的秦惠文王接见了苏秦。苏秦滔滔不绝，口若悬河，将胸中酝酿已久的策略一一告知，怎知秦惠文王对苏秦的高谈阔论并不感兴趣。秦惠文王的不赏识使得苏秦陷入困境，时间一久，变卖家产后购置的貂皮衣变得破破烂烂，银子花得所剩无几，吃了上顿没下顿，饱尝饥寒交迫之后回到家乡。

走到家门口，老婆瞧见他，看他骨瘦如柴一副穷酸相，摇头叹息，继续织布，父母看他满脸尘土、破破烂烂的也懒得理他，他央求嫂嫂给他做饭，嫂嫂头都不抬。家人的冷眼，使苏秦心寒也使他认识到了自己的不足，他发誓一定要扬眉吐气。从此之后，他关起房门，不愿意见人，找来古书籍日夜苦读，有时候读累了不知不觉就伏在书案上睡着了。为了不让自己睡着，他想了很多方法。有一次，困得眼睛睁不开就不由自主便伏在书案上，当他要睡着时猛然惊醒——手臂刺了一下。原来书案上的锥子刺了他，他灵机一动：锥刺股（大腿）！只要打瞌睡，就用锥子扎自己的大腿一下，不让自己睡着。至此之后苏秦的大腿上满是伤口。

苏秦闭关苦心钻研合纵连横之术，苦读期间，苏秦没吃过一顿饱饭，没睡过一次好觉，他用绳子将头发拴在房梁上，每当打瞌睡的时候，就拿铁锥子刺痛自己。

一年后，苏秦再度出山，前往燕国，提出了强大燕国的策略和六国合纵之术。燕王听从了苏秦的计谋，并且很欣赏苏秦，给予他丰厚的赏赐，苏秦周游列国，各路诸侯怦然心动，趋之若鹜。不久之后，苏秦便得到了六个国家丞相位置。苏秦当丞相 15 年间秦国不敢冒犯其他国家，没有敢踏出函谷关。

苏秦的故事告诉大家，为官者重在志向，就算失势也不可放弃，只有强大自己的学识，坚持不退缩，终有一天会迎来出人头地被重用的时候。

原文

名节之于人，不金币而富，不轩冕而贵。士无名节犹女不贞，则何暴不从？何美不附？虽有他美，亦不足赎也。故前辈谓爵禄易得，名节难保。爵禄或失，有时而再来，名节一亏，终身不复矣。(《牧民忠告》)

译文

名誉和节操对于人来说，既使他没有财产，也可以认为他是十分富有的；既使他没有一官半职，也可以认为他是十分尊贵的。士人如果没有了名誉和节操，就好像女人没有了贞操，当邪恶势力得势的时候，他就会倒向邪恶；当正直一方占上风时，他就又急忙依附于正直。这种人即使有其他的优点，也不足以改变他的形象。因此前辈贤臣都认为爵禄容易得到，而名节却难保；爵禄失去之后，还有可能重新得到，但是名节一旦有所亏损，就终身也难以挽回了。

解读

官员作为一种榜样的力量，名声就对他非常重要，这就要求官员在生活的各个地方都要保守住自己的操守，这是十分难得的。在现在这样一个集体都无操守的年代，如何出淤泥而不染显得特别珍贵，这就需要官员能抵挡住各种诱惑，节制自己的欲望，时刻以一个榜样的力量来要求自己。

案例

不为五斗米而折腰

出淤泥而不染，濯清涟而不妖，万花丛中过，片叶不沾身，混迹于贪污腐败之中而不同流合污，即使失去了荣华富贵，得来的却是传于千古，流芳后世的歌颂。

大诗人、文学家陶渊明生活在东晋末期，那时的朝政日益腐败，官场黑暗。但生性淡泊的陶渊明在入不敷出的情况下仍然坚持读书作诗。本怀着“大济苍生”的志向，出任江州祭酒。

公元 405 年秋天，他出任彭泽县县令。这年冬天，浔阳郡太守派督邮刘云到彭泽县检查公务。这位刘云是一个粗俗傲慢的势利小人，以凶狠贪婪远近闻名，每年两次以巡视为名向辖县索要贿赂，每次去必是满载而归，否则栽赃陷害。一到彭泽县便命县令陶渊明前去见他，想以此显示一下自己的威风。但陶渊明素来不畏权势，秉性清高，绝对不是那种趋炎附势、奴颜婢膝的人。他很看不起这种假借上司名义发号施令、作威作福的小人，但碍于官大一级压死人的命令，不得不去见一见。正当陶渊明准备动身出发时，县吏却拦住他说：“大人，拜见督邮须穿官服，并束上腰带，备好礼品、恭恭敬敬地去迎接，否则这个督邮会趁机大作文章，责怪您有失体统，恐怕会不利于大人。”陶渊明一听非常气愤，无奈地叹道：“我怎能为了县令的五斗薪俸，就低声下气去向这些小人贿赂献殷勤。”说完，索性拿出官印，又写了一封辞官信，随即离开彭泽县回家了。

有一天，江州刺史檀道济亲自到陶渊明家访问，他对江州刺史送来的米和肉坚拒不收。后来朝廷征召他担任著作郎，也被他拒绝了。

此后，他一边读书作诗，一边耕田种菜，过着采菊东篱下，悠然见南山安贫守节的生活。

陶渊明坚守名节，不卑躬屈膝，惺惺作态，他获得了心灵的自由，也获得了人格的尊严，写出了具有独特风格并流传百世的诗文。为后人留下了宝贵的文学财富和弥足珍贵的精神财富。

原文

当官者，先以暴怒为戒。事有不可当，详处之，必无不中。若先暴怒，只能自害，岂能害人，前辈尝言："凡事只怕待。"待者，详处之谓也。盖详处之，则思虑自出，人不能中伤也。(《牧鉴》)

译文

当官的人，应该首先以暴怒为戒。如果有不能承受的事情，要审慎地对待，这样一定没有不能解决的。如果自己首先暴怒，只能害了自己，哪会害了别人呢？前辈曾说过："凡事只怕待。"这里的"待"，说的就是审慎地对待。如果能审慎地对待，解决问题的方法自然就出来了，别人就不会中伤你。

解读

每个人在成长过程中都要修"心"，不能什么都着急，总是发脾气，要在成长中学会制怒。作为一个官员来说，就更是如此。因为官员面对的是公众的利益。这些利益多是纷繁复杂的，如果还时常发脾气，就会做出错误判断，这样就会使事情越来越糟，不但害了自己，更要损害大家的利益。

案例

张飞之死

克制怒气慎重对待一切是成功的基础，客观看待事情，再大的难题也会

不攻自破。常言道怒火攻心，攻心则乱，方寸乱则步步乱。

三国时期蜀国张飞性格刚猛，武艺高强，外形剽悍，很讲义气，只听刘备和关羽的命令，脾气极其暴躁，而且嗜酒成性。刘备伐吴的时候，张飞奉刘备的命令带兵去江州会合，还没出发，在阆中镇守时，突然得知他二哥关羽被孙权谋害，张飞为关羽的死悲痛万分，日夜痛哭哀号，泪沾衣襟。

张飞手下的诸位将领看他如此悲伤就以酒劝解，哪想张飞酒醉后，怒气更大，帐上帐下，只要士兵有过失，就鞭打他们，甚至把手下活活打死。

刘备知道后，就劝他，你鞭打士兵，还让这些士兵跟随你左右，早晚都要被他们杀了的。对待士兵，平常应该宽容和气。

为了给关羽报仇雪恨，张飞传令下去，限三日内制办白旗白甲，三军挂孝讨伐东吴。第二天，帐下两员末将范疆、张达，进入帐中报告张飞："白旗白甲，一时置办不齐，希望能宽限几天。"张飞听后大怒，喝道："我急着想报仇，恨不得明天就赶到逆贼之境，你们怎么敢违抗我的命令！"就让武士把二人绑在树上，每人在背上鞭打五十下。打完之后，用手指着二人说："明天一定要全部完备！如果违了期限，就杀了你们两个人示众！"打得二人满口出血。二人回到营中商议。范疆说："今日受了刑责，让我们怎么能够筹办？这个张飞人性暴如火，如果明天置办不齐，你我都会被杀啊！"张达说："如果他杀我，不如我先杀他！"范疆说："只是没有办法走近他。"张达说："如果张飞就醉在床上，说明我们俩不当死，如果他没有喝醉，说明我们俩当死。"他们二人就按商议好的计策行事。

张飞这天夜里又喝得酩酊大醉，醉卧纱帐中。范疆、张达二人打探到消息，趁着天黑各自怀里揣着一把锋利的刀，悄悄潜入张飞的帐中，此时的张飞鼾声如雷，哪里知道危险就此降临，这么个大英雄就死在了酒后的鼾声中，稀里糊涂地就被他俩给杀了。取了张飞的首级之后，当晚他们就趁黑夜逃到东吴去了。

张飞表面上是直接死于范、张两人之手，间接与醉酒相关，但实质上他是死在自己手里。酒后无德更是将他性格暴怒的弱点和目中无人、目无法纪的特点，暴露无遗。这些劣迹，刘备也劝过他，可惜的是这些话他都没有放在心上，以致酿成了官逼民反的局面。

原文

君子战虽阵，而勇为本焉；丧虽有礼，而哀为本焉；士虽有学，而行为本焉。是故置本不安者，无务丰末；近者不亲，无务来远；亲戚不附，无务外交；事无终始，无务多业；举物而暗，无务博闻。(《墨子》)

译文

君子作战虽然用阵势，但勇气是根本；办丧事虽然讲礼仪，但哀痛是根本；做官虽然讲才识，但德行是根本。所以立本不牢的，就不要追求繁盛枝节；身边的人不能亲近，就不要追求招徕远方之民；亲戚不能使之归附，就不要追求结纳外人；做一件事情有始有终，就不要追求从事多种事业；拿出一件事情尚且弄不明白，就不要追求广见博闻。

解读

这里主要讲的是抓住事情的根本，从小处做起。对于为官的人来说，更要如此，在平常的生活中，要时刻严格要求自己，看事情要看到根本所在，要抓大放小。但这里的小是相对的，在抓大放小的同时，要从身边的小事做起，从小事中找到根本所在，这样慢慢积累就能摸到事情的根本，处理事情时一下就会抓住其根本所在。

案例

陈蕃和苏轼的故事

古语有云："不积跬步，无以至千里；不积小流，无以成江海。"凡成大事者，无不是从小处做起，从根本做起。更要从细节上识人辨人，从小处修炼自己的品德才能。

首先看下东汉陈蕃的故事。

陈蕃，自小就自命不凡，一心只想干大事业。有一天，他的朋友薛勤来看他，踏入陈蕃的小院，发现他院里肮脏不堪，便对他说："你怎么不打扫一下？"没想到陈蕃答道："大丈夫处世，当扫天下，安事一屋？"薛勤立即反问道："一屋不扫，何以扫天下？"陈蕃听后无言以对。

陈蕃"扫天下"的志向固然不错，但错的是他没有意识到"扫天下"是从"扫一屋"开始的，做大事者当应从细节做起。

下面再来看看我们宋朝大诗人苏轼的故事。

豪放派大诗人苏轼待人接物虽然粗疏，但他很会从细节上识人。

谢景温和苏轼关系很好，有一次两人外出踏青作诗，正在兴起时，突然一只受伤的小鸟从树上掉下来，掉到谢景温跟前，谢眉头一皱，一脚就把受伤的小鸟踢开。苏轼把这一切看在眼里，记在心上，谢景温看似漫不经心的动作，让苏轼心凉半截。他想，谢景温这种人一定是那种轻贱生命，为自己的私利出卖朋友的人，不可深交。

谢景温的妹妹是王安石的弟媳，所以王安石很重用他，提拔他任侍御史知杂事一职。谢知道王安石与苏轼之间有过节之后，为讨好王安石，就诬告苏轼贩卖私盐。

当然，苏轼也经常通过细节看出一个好人来。有一年苏轼在登州做官时，有一个特别啰唆的主簿，每次来报告事情都要绕来绕去，苏轼很反感他。

有一次，主簿又来长篇大论地禀报，苏轼嫌烦，就敷衍他道："晚上来吧。"到了晚上主簿单独来了，苏轼正看杜甫的诗，勉强出来见他，就故意问道："'江湖多白鸟，天地有青蝇'，这'白鸟'指什么？是指鸥鹭一类的鸟儿吗？"

主簿马上答道："白鸟，是指蚊蚋之类的虫儿，并非指鸥鹭。以此比喻搜刮民脂民膏的贪赃枉法之徒，看当今天下，清高太少贪官太多啊！"

苏轼本来是想用“白鸟”来嘲讽主簿说话像蚊子苍蝇那样嗡嗡不止，让人烦厌，哪知主簿不但很有学问知道诗句来历，而且心系天下，从此便对他另眼相看，特别厚待他。

从这则“以诗识人”的小事，可以看出苏轼知错就改的品性。苏轼以细节识人，大都无误，是和他自身的言正身端分不开的。

原文

《体论》曰:“君子修身，莫善于诚信。”夫诚信者，君子所以事君上、怀下人也。天不言而人推高焉，地不言而人推厚焉，四时不言而人与期焉。此以诚实为本者也。故诚实者，天地之所守而君子之所贵也。(《臣轨》)

译文

《体论》里面说:“君子修养身心，没有比诚实更美好的了。”君子就是要靠诚实的品德去侍奉君主、使人民归顺的。天不曾说话，而人们都尊崇它高;地不曾说话，而人们都尊崇它厚;春夏秋冬四季不曾说话，而人们都称它守时。它们都是以诚实作为立足的根本。因此诚实既是天地奉行的准则，又是君子贵重的品德。

解读

人无信而不立，古人这里将信用比为天地、四季，从自然法则里找实例，并将诚信作为一个人立足于社会的根本。相比于西方的契约思想，中国人的诚信是靠自觉的，天地和四季都是自觉的，没有人为的，所以讲诚信要从心里面认同，从日常生活中加强自律，真正做到诚而无欺。在为官的道路上更要如此，否则如何取信于民。

案例

商鞅徙木立信

一个国家要富强，要把国家治好，必须有赏有罚。赏罚分明，朝廷有了威信，有了信誉，一切改革也就容易进行了。

公元前361年，秦国的秦孝公即位不久就广招贤才，此时在卫国不被赏识的商鞅来到秦国却得到秦孝公的重用，官拜左庶长。

商鞅为秦国的富强制定了一系列革新法令，不想却遭到秦国大部分贵族和大臣们的强烈反对，老百姓也不信任他。要立事则先立信，为了赢得士族大夫和平民百姓的信任商鞅派人砍了一根三丈高的圆木头立在南城门，并贴上告示，把圆木搬到北门去的人就能得到十两金子。

告示贴出后，南门口聚集了很多人，大家议论纷纷。有的说："这根木头谁都拿得动，哪用得着十两赏金？"有的说："这可能是左庶长成心开玩笑吧。"还有人说："就算搬到北城门左庶长也不一定会真的赏十两金子。"于是老百姓们在议论中你看看我，我看看你，就是没有一个人搬木头。

这一切都在商鞅的预料当中，他知道老百姓暂时还不相信他的话，重赏之下必有人出头，于是就把赏金提到五十两。但使他没有想到是赏金越高，围观的人越发觉得这是一出闹剧，就等着某个愚夫登场上演，仍旧没人行动。

看热闹的人越来越多，正在大伙儿议论纷纷的时候，从围观的人群中走出一个年轻人，只见他挽起衣袖，把大木柱扛起来就走，一边走，一边还说："我倒要看看，这位左庶长大人说话算不算数。"说完真的把木头扛起来就走，围观的人也跟在年轻人后面走，一直到年轻人搬到北门。

商鞅知道后大喜，立刻派人传出话来，赏此人五十两金子。官吏当着围观百姓的面将五十两黄澄澄的金子交给搬木头的人，一分也没少。

这件事情立即传开了去，一下子轰动了秦国。老百姓说："左庶长的话可信。"

商鞅知道他已经在百姓心中树立起了信誉，一传十十传百，秦国上下没有不相信他革新诚意的。商鞅的命令已经起了作用，就把他起草的新法令公布了出去。新法令赏罚分明，规定官职的大小和爵位的高低以打仗立功为标准。贵族没有军功的就没有爵位；多生产粮食和布帛的，免除官差；凡是因为懒惰而贫穷的，连同妻子儿女都罚作官府的奴婢。

商鞅徙木立信后为成就了历史上有名的商鞅变法，商鞅变法使得秦国农业生产增加了，军事力量也强大了，可谓国富力强，这一举措为秦国后来称霸奠定了基础。从这个故事中可以看出为官取信于民的重要性。

原文

以礼下人。夫能下人者，其志必高，其所至必远。昔某郡有新守，褊骜，不太礼其下，常令掾属罗拜于庭下。有一贤掾初以疾在告，疾愈当庭参。是日偶大雨，守命张伞茅于庭下，使掾拜焉。掾恬然不动容，兴伏惟谨。识者知其他日必为宰相也。后果然。（《牧民忠告》）

译文

要按照礼节谦逊地对待他人。能够谦逊地对待他人的人，其志向必定高远，其前途必定不可限量。从前某郡有一新任太守，为人傲慢，气量狭窄，不能谦逊地对待下属，常常命令下属在公庭下整整齐齐地列队朝拜他。有一位贤明的属官一次因病请假在家，病愈后照例要在庭下参拜。参拜那天恰逢大雨，太守令人在庭下张起伞，铺下茅草，然后接受那位属官的参拜。只见那属官一脸平静。行礼时毕恭毕敬。有见识的人由此断定那位属官日后必定官至宰相，后来果然如此。

解读

中国人是最讲谦逊的民族，在《周易》中最好的一卦就是“谦”卦，因为只要谦逊了，一切都会来。这里用一个小故事讲到了谦逊的好处。为人要谦逊，这对处于下位的人来说，很容易达到，因为要有求于人。但对于为官的人来说却是很难的，官者多在上位，谦逊难也，但正因为难，所以才最重要。只有谦逊地对上对下才能永保官运，才能事事好办。

案例

许攸杨修之死

满招损，谦受益，简单的六个字道出了为人处世谦逊的重要性。能在仕途上行走坦荡的人必然是淳朴而谦逊的人；凡是有真才实学者并得到上级重用之人，无一不是虚怀若谷、谦虚谨慎的人。反之那些到处招摇妄自尊大的人往往没有好下场，曹操身边的许攸、杨修就是此类人。

当曹操身边的文人都懂得了韬光隐晦之后，只有许攸和杨修还不知收敛骄傲自满，这两个人让曹操觉得别扭。聪明如许攸，他常常因为自己是曹操的同窗和官渡之战中立了功劳而妄自尊大，不仅目中无人，还和曹操称兄道弟，其实曹操早就对他深恶痛绝。有一天，许攸在外招摇过市，与曹操的部将杠上了，部将一怒之下杀了许攸，曹操知道后心里暗自窃喜。

曹操对杨修又爱又恨，杀还是留，始终犹豫不决。但是通过一些小事情曹操已经决定杀了杨修。他不希望有一个恃才傲物的人整天在面前晃来晃去。

一次曹操重建大门，曹操率人前呼后应巡查，巡查完后一言不发，面色沉重，从下人手上拿过笔，唰唰在门框上写了一个“活”字，转身就离开了，留下工匠们不知所措。

这时刚好杨修路过，看了看门框上的“活”字，就命令工匠们把大门改小一点，说:“门中‘活’，‘阔’也，王是嫌门太大了。”

有一次曹操收到他人送他的一罐酪，曹操只抿了一口，盖好盖子，写了一个“合”字在罐上。众人不知如何处置这个酪，杨修向前，拿起就喝了一口，扬扬得意地说:“主公是要我们每人喝一口，还怀疑什么？”

到目前为止杨修已经在曹操面前多次卖弄自己的才华，这样的结果导致曹操不能卖弄自己才华，不能显示他才高八斗。而杨修只顾卖弄自己的才思敏捷，让曹操费尽心思以故弄玄虚而装扮出高深莫测以压服部众的伎俩被当众揭穿，才智变成了下人的笑话。曹操越发讨厌杨修，然而狂妄的杨修依旧还是不知，于是曹操就在军旅之中借杨修扰乱军心为由杀了他。

如果许攸、杨修是谦逊之辈，那么他们的下场就会截然不同。从这两个人相同的结局不难看出，为官者适当地隐藏自己，谦逊对待上下是保全自己的上上策，锋芒毕露只会招来更多的祸害，这就是所谓的满招损，谦受益！

原文

齐东张氏曰:“士当求进于己，而不可求进于人。所谓求进于己者，道术学业之精是已；所谓求进于人者，富贵利达之荣是已。”又曰:“吏人以法律为师也，魏相所以望隆当世者，汉家典故无不悉也。凡学仕者，经史之余，若国朝以来典章文物，亦须备考详观，一旦入官，庶不为俗吏所迁也。”(《牧鉴》)

译文

齐东张氏说:“做官的人应当追求依靠自身的发展，而不应当追求依靠别人发展。所谓追求依靠自身发展，说的是理论专业的精通；所谓追求依靠别人发展，说的是富贵利达的荣耀。”他又说道:“做官的人应当以法律作为老师。魏相之所以在当时受人尊崇敬仰，是因为他对汉朝的典章制度无不精通。凡是学着做官的人，在阅读经史之余，像当朝以来的典章文献也需要进行仔细详尽的研究，一旦做了官，当可以不被世俗的官吏所改变。”

解读

做官是个技术活。这里主要讲了两点，首先是要靠自身的真才实学，为百姓、为国家做实事，不要想着只是追求荣华富贵。其次是要求熟悉做官的一些技术性知识。在中国古代，官主要是科举培养出来的道德高尚者，但一些具体的事例需要吏来做，而这里特别提到的当朝的法律知识需要掌握，是难能可贵的，这对当代也是有启示意义的。比如现阶段一个官同对经济知识的掌握就非常重要。如果不懂得这些精细的知识，就不能很好地做好官，也做不出什么好的政绩。

案例

萧规曹随的曹氏智慧

对现有的律法规章了如指掌，并能很好地运用到治理国家、辅佐君王的官场当中，是君王之幸，更是百姓之福。汉相曹参不乱改前相萧何制定的利国利民的法令规章，而是一一遵循，最终得到是百姓的颂扬。

惠帝二年，萧何死了，曹参接任相国之职，他上任后不仅没有颁布任何政令，还对萧何制定的法令完全遵循。

同样是刚登机不久的汉惠帝看到曹丞相对政事不挂于心上，对治理国家也不上心，心里甚是着急。以为是曹相国嫌新皇帝太年轻，所以就不愿意全心全力来辅佐他。惠帝左想右想总感到心里没底。后来惠帝找到曹参的儿子曹窑，托他以他的名义问曹参："身为丞相，整天与人喝酒闲聊，一不向皇上请示报告政务；二不过问朝廷大事，要是这样长此下去，您怎么能治理好国家和安抚百姓呢？先帝去世，惠帝年轻五治国之经验，作为丞相应当多加辅佐，共同来把国事处理好。"

曹窑接受了皇帝的旨意，告假回家与父亲享天伦的时候规劝了曹参一番。

曹参听了儿子的话后，第二天面圣说："请陛下好好地想想，您跟先帝相比，谁更贤明英武呢？"惠帝立即说："我怎么敢和先帝相提并论呢？"曹参又问："陛下看我的德才跟萧何相国相比，谁强呢？"汉惠帝笑着说："我看你好像是不如萧相国。"

曹参接过惠帝的话说："陛下说得非常正确。既然您的贤能不如先帝，我的德才又比不上萧相国，那么先帝与萧相国在统一天下以后，陆续制定了许多完备而又卓有成效的法令，以我们的才能还能制定出超过他们的法令规章来吗？"接着他又诚恳地对惠帝说："现在陛下是继承天下霸业，而不是在攻打天下，我们这些做大臣的，应该谨慎从事，恪守职责，对于先帝遗愿就更应该严格遵守执行，而不是乱加改动。"汉惠帝听了曹参的解释后恍然大悟。

曹参在朝廷任丞相三年，严格遵照萧何制定好的法规治理国家，使西汉政治稳定、经济发展、百姓富足。他死后，百姓们编了一首歌谣称颂他说："萧何定法律，明白又整齐；曹参接任后，遵守不偏离。施政贵清静，百姓心欢喜。"史称"萧规曹随"。

知民知国，对于有利于百姓的法令规章如数家珍，并加以很好地运用，这些是为官的基本要素。

准则卷

第二

原文

君子之道，莫大乎以忠诚为天下倡。世之乱也，上下纵于亡等之欲，奸伪相吞，变诈相角，自图其安而予人以至危。畏难避害，曾不肯捐丝粟之力以拯天下。得忠诚者起而矫之，克己而爱人，去伪而崇拙，躬履诸难，而不责人以同患，浩然捐生，如远游之还乡，而无所顾悸。（《湘乡昭忠祠记》）

译文

君子之道，没有比在天下倡导忠诚再大的了。世俗败坏的时代里，社会上下都不能控制自己无视礼法和等级的欲望，奸邪伪诈之人互相欺骗，钩心斗角，自己贪图安乐，把危难加于他人。畏惧困难，躲避祸患，不愿贡献出很小一点的力量来拯救天下。好在有忠诚的人起来改变这种局面，克制自己的欲念，对别人怀有仁爱之心，抛弃虚伪和欺骗，推崇质朴和诚实，自己经历各种困难，但不强求别人和自己分担，豪迈地献出自己的生命，就像外出远行回家那样，没有一点顾虑与惧怕。

解读

古代的做官人首先强调的就是忠诚。而这也是中国精神的核心，如果没有忠诚的心，就不能上对得起君，下对得起民。当然现在要去除古代忠诚的一些愚昧的观点，比如愚忠和死忠。现在的忠诚讲求忠于国家和人民，如果不能这样，就会有私心，这样为官就会走向歧途。

案例

屈原投江

忠诚，自古以来都是为人所称赞的优良品质，中国传统文化中的五德也把忠诚放在首位。一个人无论什么原因，只要失去了忠诚，就失去了人民对你最基本的信任。国难当头，是选择誓死捍卫国家百姓利益，还是置国家百姓于不顾，从爱国诗人屈原身上便得到了答案。

战国七雄秦、楚、齐、燕、赵、韩、魏，攻城略地，连年混战。楚国的大诗人屈原，为楚怀王的左徒官，他三番五次劝楚怀王联齐抗秦，可是楚怀王偏信靳尚和公子兰等人的话，这些人接受过秦国张仪的贿赂，他们唆使楚怀王到秦国去，结果被扣押在咸阳，最后死在秦国。

后来楚顷襄王即位，他重用靳尚、公子兰这批奸佞小人。屈原担心楚国要亡在这批人手里，不断地劝楚顷襄王远离小人，收编人才，鼓励将士，富国强兵，替先王报仇雪恨。害怕楚顷襄王反抗秦国威胁到他们的利益的靳尚、公子兰等，他们在楚顷襄王面前陷害屈原，挑拨是非。楚顷襄王听信谗言，大怒，撤销屈原的官职，贬他去湘南。屈原一心救国救民，最终反倒被小人陷害，他痛心疾首。屈原爱国爱民的忠心不但不被理解重用，反而遭到流放，一腔抱负无处施展，一肚子忧愤没处去说。他身形枯槁，瘦骨如柴，在洞庭湖边、汨罗江上，日夜吟唱，声音凄凉悲惨。有一天有个渔夫遇到他，劝他："你何必这样呢？我们楚国谁不知道你是忠臣！清者自清，你没必要伤心痛哭？"

屈原说："楚王他们是糊涂人，只有我清醒啊！我伤心的不是自己的遭遇，而是楚国落入一帮小人手里，我悲愤不已。只要能救楚国，能救楚国百姓，做什么我都心甘情愿。如今，大王把我放逐到荒山野地，国家大事我没法儿管，我救国救民的主张没处去说。"十几年过去了，屈原还没有被召回去，他日夜都在忧虑楚国的前途。坏人掌权，楚国的大难终于临头了，秦国大将白起攻打楚国，终于攻下了楚国的国都。屈原听到这个消息，伤心欲绝。屈原眼看自己国家已经无望，也曾考虑过出走他国，但还是不忍离别故土，悲愤交加时，在农历五月初五这天自沉于汨罗江，以身殉国，也殉了自己的理想。楚国百姓为了纪念爱国爱民的屈原，就把这一天作为一个特殊的节日，即后来的端午节。

罔顾国家百姓利益的靳尚、公子兰等遭后人唾弃，而忠于国家忠于人民的屈原至今仍被人们传颂！为官者爱国爱民是首要信条，抛开这个信条，将什么都不是。

原文

公私不并营，既有官守，便应将一切银钱、出入、饮食、家产之事俱托人料理，只要用人得宜。若必一一亲理，不但公务分心，亦且役志营神，非所以养身也。(《学治臆说》)

译文

公事和私事不能同时经营，既然有了做官的职责，就应该把一切银钱开支、出门旅行、饮食起居、家产事务等都交给别人料理，只要用人得当就可以。如果这些事一一都要自己亲自料理，不但办理公务时分心，而且劳神费力，不是保养身体的正确方法。

解读

做官就要一心为公，不能搞公为私用，或者公私两用，这样不但办不好公事，还会影响自己的身心。当代的社会就是有许多人，一朝权在手，就把许多公事当作私事来做，借公事谋私财，这样做官如何能当好官呢？如何能做为民谋福利的官呢？

案例

解狐荐仇

很多人为官有道，而在公务与家事方面却乱了手脚，一旦大权在握，公私不分，甚至公报私仇。春秋大夫解狐在私仇面前却能公私分明，以大局为重。

晋悼公执政时期，有个大夫叫解狐，他为人公私分明，耿直倔强，晋国大夫赵简子和他十分要好。

解狐娶了个貌美体娇的妾，名叫芝英，解狐非常喜爱她。有一次下人告诉解狐说，他的幕僚刑伯柳和芝英有私情，耿直的解狐怎么都不相信。为了使刑伯柳和芝英暴露原形，那个下人与解狐商量用计。第二天，解狐突然接到晋君旨意，要到边境巡视数月。公务紧急，解狐连亲近的幕僚刑伯柳都没带，就出发了。芝英知道后不由心中窃喜，又可以和刑伯柳私通了，趁四下没人偷偷地溜进了刑伯柳的房间，两人正在房中你侬我侬之时，突然房门大开，怒发冲冠的解狐站在面前，侍卫站在门口。原来他根本就没有接到命令去边境巡视，而是躲在附近，一接到暗号，就冲回家里，将他二人抓个现行。不解气的解狐把两人关起来审问拷打，得知原来芝英是爱慕刑伯柳的年轻英俊，就找机会和他勾勾搭搭。解狐知道实情后，更加怒火万丈，把他俩痛打了一顿之后赶出了府。

后来，赵简子治理的地方缺国相。赵简子就让好友解狐举荐一个忠诚可靠、精明能干的国相。解狐思前想后，觉得只有他原来的幕僚刑伯柳比较合适，于是不计前嫌向赵简子推荐了他。刑伯柳果然精明能干，把赵简子的领地治理得非常好。赵简子对于刑伯柳十分满意，夸奖他说："解将军没有看错人，你真是一个好国相！"这时刑伯柳才知是解狐推荐了自己，自己是他的仇人，他为何举荐自己？于是刑伯柳带着诸多疑问来拜访解狐，感谢他不计前嫌，举荐自己。

刑伯柳拜访解狐，解狐不出来，只叫门官问他："你来是因为公事还是因为私事？"心有歉意的刑伯柳向着府中解狐住的地方遥遥作揖说："我今天来拜访，是负荆请罪来的。刑伯柳早年投靠解将军，蒙将军谆谆教诲，将军就像我的再生父母一样。伯柳做了对不住将军的事，心中本就万分惭愧。现在将军又不计前嫌，秉公举荐，更让我感激涕零。"

门官将刑伯柳这番话通报到解狐那里。刑伯柳站在府门前等候许久，却不见回复。他正在狐疑的时候，解狐突然出现，在门前台阶上，张弓搭箭，向他狠狠射出一箭。只听嗖一声，那箭已从他耳根飞过去了。刑伯柳吓出一身冷汗，解狐接着张弓箭又一次瞄准他，说："我推荐你，是为公，因为你精明能干；可你我之间却有夺妻之恨，你还敢上我的家里来？再不走，射死你！"刑伯柳这才明白，解狐依然对自己恨之入骨，他慌忙远施一礼，转身逃走了。

解狐不因私人恩怨影响公事，而是公事公办，能公私分明到这种境界，不得不令人称赞！

原文

官者身外之物，荣枯有定，原不能委曲求全。只要行其心之所安，处以理之应得，成败利钝，岂能逆睹？若畏首畏尾，无一事可为矣。(《学治臆说》)

译文

做官的人不要贪婪地去索取。但是如果不懂得节约，就不免有亏空。饮食起居和亲友们同甘共苦，人们自然没有怨言。大凡一切开销，尤其要在大处节省，不要在小处消减。

解读

做官是为大众谋幸福，如果不懂得节约，花钱没有计划，那样迟早会落下亏空。而且要注意在大处节省。当今的地方政府，多数亏空。这就是不懂得节约的原因。当今大力提倡节约，就是对铺张浪费、不知节约的风气进行整顿。

案例

勤俭节约——海瑞

古人云："俭，德之共也；侈，恶之大也。"勤俭节约是中华民族的一种传统美德。小到一个人、一个家庭，大到一个国家，要想富强，都离不开勤俭节约这四个字。

海瑞居官清廉，刚直不阿，深得民众的尊敬与爱戴，上级便把他升迁至淳安知县。就算升官了他还是坚持穿布袍、吃粗粮糙米，让老仆人种菜自给。

总督胡宗宪曾告诉别人说："昨天听说海县令为老母祝寿，才买了二斤肉啊。"

淳安县是往来三省的通道，交通发达，驿站繁多。可是本县人民的负担却很重。驿站的费用，即过境官员及其随从所需的开销，全部由该地方负责。海瑞到此之后他严厉而巧妙地拒绝了官员滥用职权而增加地方上的负担。

以文官而出任总督的胡宗宪，一次他的儿子道经淳安，随行带领大批人员鞍前马后，县城小官吏没有好生招待，他使出他官二代的作风，把小官吏绑起来倒挂，对驿站的款待百般挑剔。海瑞听说后，想了一计，当着胡的儿子说："以前胡总督下来巡查，体恤民情，命令他所路过的地方不能大肆铺张浪费。现在这个人行装丰盛，一定不是胡公的儿子。"打开胡的儿子行李袋，翻出了数千两金子，海瑞立即命令衙役拘捕这位公子，并且没收了他携带的大量金银。他上报总督的公文声称，这个胡公子必系假冒，因为总督大人节望清高，不可能有这样的不肖之子，也不可能拥有这么多的金银财物。海瑞的行为挽救了胡，胡没因此被治罪。

后一次，都御史鄢懋卿带领众多人马，浩浩荡荡巡查路过淳安县，淳安县后勤酒饭供应得非常简陋，海瑞宣告县邑很小容纳不了众多的车马。懋卿听后十分气愤，但碍于海瑞的作风，只得悻悻离开。

经历南京，北京左、右通政。隆庆三年夏天，以右佥都御史身份巡抚应天十府。众多贪官污吏害怕他的威严，自行辞职。本地的达官显贵们奢侈浪费，建豪宅，装修华丽，一听说海瑞来了，把大门漆成黑色，以防其上奏报告他们的奢华行为。

海瑞为官清廉，为百姓办实事，深得百姓爱戴。听到他去世的噩耗时，当地的百姓如失亲人，悲痛万分。当他的灵柩从南京水路运回故乡时，长江两岸站满了送行的人群。很多百姓甚至制作他的遗像，供在家里。

修身、齐家、治国都离不开勤俭节约，诸葛亮把“静以修身，俭以养德”作为“修身”之道；朱子将“一粥一饭，当思来之不易；半丝半缕，恒念物力维艰”。不管是海瑞还是诸葛亮或是朱子皆是为官者学习勤俭节约的典范。

原文

朱子曰:“守官只要律己公廉，执事勤谨，昼夜孜孜，如临渊谷，自无他患害。才有所依倚，便使人怠惰放肆，不知不觉错做了事也。”又曰:“仕宦只是廉勤自守，进退迟速，自有时节，切不可起妄念也。”西山真氏曰:“当官者一日不勤，则必有受其弊者。古之圣人，犹且日昃不食，坐以待旦，况其余乎？今世有勤于吏事者，反以鄙俗目之；而诗酒宴游，则谓之风流闲雅，此政之所以疵，民之所以受害也。”(《牧鉴》)

译文

朱熹说:“地方官吏只要严于律己、公正廉洁、办事勤勉，日日夜夜毫不懈怠，时刻有如临深渊的心理，就自然没有其他祸害。只要觉得有依靠，不知不觉就错做了事。”又说:“做官的人只应该廉洁勤勉、严于自律，进退快慢，有应有的时节，切不可在心中起邪念。”西山真士说:“当官的人一天不勤勉，就必然有因此而受害的事。古代的圣人况且到了太阳偏西还不休息，晚上坐着等待天明，何况其他的人呢？当今如果有对政事勤勉的人，人们反而用庸俗的眼光看待他，而把吟诗喝酒、宴饮游乐，认为是风流闲雅，这是政事出差错、百姓受害的原因。

解读

做官要勤政，不要当了官就飘飘然，以为自己什么都懂了，只要指派别人去办就好了，只是游戏于人事的纠葛中，这样只会使自己越来越远离民众。

当官要有如履薄冰的心，时时刻刻想着公事，讲求恰到好处。而这里后面所讲的与当今的现状很像，大家的风气都是在一些吃喝玩乐和附庸风雅上，把勤政的人看成是不入流的，这样的风气要改呀。

案例

勤政的陶侃

古人云“好人者人好之，恶人者人恶之”。群众的眼睛是雪亮的，慵懒、闲散百姓必不服、不尊、不爱戴。但假如能真正做到勤恳、踏实、心系民情，那人民心中的那杆称自然会向你倾斜。

晋代名将陶侃，处在一个外忧内患、社会动荡的年代。他居安思危，一生勤政清廉，奖励农桑。而且能以身作则，教育他的部下，爱护百姓。在广州搬砖以自励的故事至今还在激励着我们。

西晋末年，国力衰弱，陶侃被降职为广州刺史。广州地处边远，且当地官务复杂。陶侃到任后，恩威并至，快刀斩乱麻，消除了广州的地方势力，安抚人民，百姓非常爱戴他，君王论功行赏，封他为柴桑侯，后来升为平南将军。

陶侃勤于政务，事事躬亲，信函往来，他也都自己动笔，事无巨细，都要亲自过问。有人来访，他也不厌其烦亲自接待。

陶侃还是一个清廉自洁的人，他从不随意收受别人的礼品。有人送礼来，他都要盘问个一清二楚。如果是送礼人劳作所得，不论贵贱，他都欣然接受，他也不是白白接受人家的东西，找着机会加倍还礼；如果是特意行贿来送礼，他不但严词拒绝，而且加以斥责。没过多久之后，陶侃就把广州治理得井井有条，百姓安居乐业，无不称赞他的贤明。在陶侃治理下的广州政局无事，社会安定。

有一天部属们发现了一件奇怪之事，陶侃派人找来了一百块又大又沉的砖，每天早晨，陶侃把砖头一块块搬出室外，到了傍晚，又一块块搬回室内，每一次都搬得满头大汗，而且天天如此，从不间断。部属们纷纷议论，但却始终猜不出陶侃这样做的意图。有人想帮他，陶侃也总是笑着拒绝了。有一天，有一位部属终于忍不住好奇心，鼓起勇气去问他。陶侃沉重地说：“北方多事，国土沦丧，我辈立志要致力中原，收复失地，如果每天耽于安乐之中，终将会意志消磨。为了磨炼自己我每天搬砖，要让自己时刻铭记自己的使命。”众人这才恍然大悟。

陶侃自励搬砖，这个行为一直坚持到他花甲之年没有间断过。他的行为不但锻炼了自己的意志，也影响激励了他的部属。

“飘摇风雨满神州，日下江河乱未休；戡定荆州非易事，论功应独让陶侯。”这是后人颂扬陶侃的诗。他的一生前人用“机神明鉴、清廉勤政”八个字来概括。所到之处，与民休养，使百姓能安居乐业；勤俭节约，惩治贪官懒吏，深受将士和百姓的爱戴。

官员之于民，如鱼与水，这就告诉为官者既要做到“勤政”，又要做到“为民”，戒庸戒懒，专注公务，心无二致。

原文

大抵莅事以明字为第一要义，明有二：曰高明，曰精明。同一境而登山者独见其远；乘城者独觉其旷。此高明之说也。同一物而臆义者不如权衡之审；目巧者不如尺度之精，此精明之说也。凡高明者欲降心抑志以遽趋于平实，颇不易易。若能事事求精，轻重长短，一丝不差，则渐实矣。能实则渐平矣。(《曾胡治兵语录》)

译文

大体上说处理事务以“明”字为第一要义，“明”有两层含义：一个是高明，一个是精明。同一个地方，只有登到山上的人才能看得遥远，只有登到城墙上的人才能觉得空旷。这是高明之说。同一个物体，主观猜测其重量的人不如亲自去称量的人来得准确，目测物体长度技巧高的人不如拿尺子去丈量的人精确。这是精明之说。凡高明的人想降低他的心志而马上趋于平实，很不容易。如果能事事求精，轻重长短，一丝不差，就渐渐地踏实了，能踏实了就渐渐平稳了。

解读

这里说的是为官要将高明和精明相结合，许多人都追求高明，都说领导要高瞻远瞩，认为精明是小人所为，斤斤计较，不是当官的人所为。其实则不然，如果只是追求高明，就会越来越虚空，不踏实。而只有将高明和精明结合起来，才会知道轻重，做事踏踏实实。

案例

李密和李渊的较量

为官者不仅要高瞻远瞩，还要脚踏实地。但金无足赤，人无完人，只要不触犯原则问题，在对待敌人的时候可以巧借他人之力，把他人的才智转化为自己的才智，把他人的利势转化为自己的利势，事事小心，处处计较，从而壮大自己，此乃精明之举。

当年唐高祖李渊向西攻打关中之时，除了隋军的残余势力外，还有东都洛阳李密的威胁。李密出身贵族，世袭爵位，但因不被朝廷重用，起兵造反，与杨玄感起兵被捕逃脱后投奔翟让领导的瓦岗军。在军中出谋献计，为瓦岗军立了很多功劳，名声鹊起。后来不服瓦岗军的农民领袖翟让，密谋杀害翟让，窃取了义军的领导权，掌握了全部军队。

李密与李渊同样是贵族出身，他们同样有西入关中，夺取全国最高统治权力的欲望。但不同的是李密的政治地位不如李渊，但李密的实力却大大超过了李渊。当李渊一路进攻，攻到关中时也不敢贸然再前进，因为洛阳的李密虎视眈眈。

李渊想了一个计策，写了一封言辞恳切的书信送往李密，书信中恳求与李密联手。自恃兵强势盛的李密，看到李渊低声下气的恳求，更加扬扬得意，不把李渊放在眼里。李密便以高高在上盟主的身份，派人给李渊送去复信，信中要求李渊亲自带领数千步骑到河内，当面商议之后在结盟。

自视甚高的李密在信中以盟主自居，企图在政治上先声夺人，居于优势地位。而相反李渊由于形势所迫把自己看得很低，毫不犹豫地承认李密为盟主。其实李渊也只是暂时承认李密的盟主地位，这么做是为了骄李密之志，故意“卑辞推奖”。

在信中，李渊穷尽各种吹捧夸奖之词，抬高李密，称他为当今天下救世主；李渊一方面吹捧李密，另一方面却贬低自己，自称年老力衰，没有很大的野心，只希望能有一块自己的领地就行，要求不是很高。李渊这么说的目的是借此来掩盖自己称霸中国的野心，达到麻痹对手的目的。然后又以抚汾晋地区为借口，隐蔽自己抢先进入关中的意图，并婉言谢绝去河内郡会盟。这样一封虚情假意，并且玄外有音的信，却使李密欣喜万分，以示将佐曰：“唐公见推，天下不足定矣！”

从此之后李密集中兵力攻打隋军和王世充的军事力量，对李渊进军关中完全不闻不问，李渊在策略上取得了巨大胜利。

同样想建立霸业，心思缜密，不骄不躁的李渊最终成功，而自恃甚高的李密最终以失败告终。巧借他人之力，缓己燃眉之急，是李渊成功的关键。成功的人往往是务实不务虚的人，他们总能在没有条件的时候创造条件，击败对手，达到目的。

原文

当官处事，常思有以及人。如科率之行，既不能免，便就其间，求其所以使民省力，不使重为民害，其益我矣。不与人争者，常得利多；退一步者，常进百步；取之廉者，得之常过其初；约于今者，必有垂报于后，不可不思也。惟不能少处自忍者败，此实未知利害之分、贤愚之别也。(《官箴》)

译文

当官处事，要经常想着惠及百姓。比如实行税赋征收，既然不能免，就要在其中寻求可以使百姓省钱省力的地方，不让繁重的税赋给百姓带来祸害，那对我们是有好处的。不和别人争抢的人，常常得到更多的利益；退一步的人，常常能够进百步；索取少的人，得到的往往超过原来；今天自我约束的人，一定在后来得到回报。这些不能不深思。只有不能些许忍让的人一定失败。这实在是不知道利害的区别、贤愚的区分。

解读

俗话说，当官不为民做主，不如回家卖红薯。当官就要时刻想着百姓的疾苦，而且这里讲得特别实在，在不能更改的事实面前，就要为民多想办法，能够让老百姓省钱省力，这样提高了效率和效果，自然就是给老百姓带来了好处。现在这样的官太少了，总是想最下策来治民，这样怎么能得到百姓的好口碑呢。

案例

范仲淹爱民如子

先天下之忧而忧，后天下之乐而乐。为官就要急人民之所急，想人民之所想。忧国忧民、心系百姓的官才是好官。

北宋著名的政治家、文学家范仲淹出身贫苦，当官从政后也十分关心民生疾苦。

有一年全国到处灾荒，尤以淮南、京东等严重。范仲淹多次进谏恳请朝廷巡察处理灾情，朝廷却置之不理。他十分气愤，冒着丢官甚至杀身之祸质问皇帝宋仁宗："皇上如果半天不吃饭，会怎样呢？江淮等地饥民遍野，怎么能熟视无睹，不予救济呢？"皇上哑口无言，便派他去救济灾民。

范仲淹每到一个地方，就发官钱救济百姓，就开官仓赈济灾民，并带领群众生产自救。和百姓在一起的日子里，他看到饥饿的人们常常挖一种叫"乌味草"的野草充饥，尝一尝，粗糙苦涩难以下咽。回京时，范仲淹特意带回"乌味草"，呈献给宋仁宗，请他传示六宫贵戚、朝廷上下，以劝诫他们勿忘百姓之疾苦，杜绝奢侈之恶习。

范仲淹带回京城的不仅仅是几棵"乌味草"，个中蕴含的是他对老百姓的一贯深情。范仲淹在邓州做官时，有一天与官员们登楼宴饮，刚想举杯，突然看见楼下有几个身穿孝服的人，正沮丧地在整理殡葬用具。他连忙放下酒杯，叫人去问，原来是一位穷书生新近病故，朋友们想把他葬在近郊，但一件陪葬物品也没有。范仲淹听罢潸然不语，食不甘味，当即下令撤掉酒席，拿出钱来，叫人好好安葬。罢宴、赠金，算不上造福民生的大功大德，但贵为一方之守的范仲淹，居然为一名穷书生的不幸而情动如此，怎不令人肃然起敬！

"衙斋卧听萧萧竹，疑是民间疾苦声。些小吾曹州县吏，一枝一叶总关情。"范仲淹无论官居何职、身处何地，心里却始终装着"全城人民"，舍弃的是"一家富贵"。在故乡苏州任知州时，曾有风水先生向他建议，卧龙街是一块宝地，街南头是龙头、街北头是龙尾，如果在这里修建住宅，子孙可世代为官荣耀千秋。这时，范仲淹却说："我范家一家富贵，不如苏州的全城人民都富贵。"于是，他让出这块"宝地"，修学堂，创办州学，请名师宿儒前来讲课，一时间，苏州州学名冠东南，大批人才脱颖而出，为当地的教育发展做出了巨大贡献。

民者，国之本也，爱民就是治国。如为官者都能像范仲淹一样先天下之忧而忧，后天下之乐而乐，则民富力强，安居乐业！

原文

帝王之所尊敬，天之所甚爱者，民民。今人臣受君之重位，牧天之所甚爱，焉可以不安而利之，养而济之哉！是以君子任职则思利民，达上则思进贤，功孰大焉？故居上而下不重也，在前而后不殆也。(《潜夫论》)

译文

被帝王所尊敬、上天最爱的，是老百姓。如今做臣子的人接受君主给予的重要地位，管理着上天最爱的百姓，哪可以不让他们得到利益从而安宁，帮助他们而让他们休养生息呢！所以君子担任职务就要想着利民，到君主身边就要举荐贤人，功劳还有比这个大的吗？所以身居上位，下面的百姓负担不重；走在前面，后面跟着的人没有祸害。

解读

这里还是说的要爱民，老百姓太重要了，官员的所有都是来源于民，权力在手后，就要事事都以老百姓的事为根本所在，走群众路线，让百姓过上丰衣足食、安居乐业的生活。要想让百姓好起来，首先就是要让百姓负担不重，减少赋税，这就提到前面的节约思想，而且要帮助农民致富，这样才会国富。

案例

汤斌为民谋利

孟子说：理想的政治，应确立如下原则：即“民为贵，社稷次之，君为轻”。“民为贵”，是说人民的地位与权力，是至高无上。一切政治权力与政治制度，从根本来说，都是来自人民、治于人民、为了人民。因此，不管是君还是臣一切要从民意出发，为百姓着想。

清初顺臣汤斌，1655年被调为陕西潼关兵备道台。潼关是清廷军队进剿南明王朝的必经通道，大量军队经过潼关，可谓军队所过之处，百姓苦不堪言。汤斌到任后，为了减轻百姓苦难，严格禁止军队在关内滞留，他在安抚流亡百姓的同时派人在潼关外设立军队接待站，供应军需。

一次，陕西总兵陈德之带领两万士兵途经潼关，一到潼关他就以母亲重病为由，滞留在潼关不走了。汤斌要求军队都早点开走，因为两万军队的吃喝可是个大问题，多停一天就要使百姓多一天的痛苦。狡黠的陈德之说他的军队已经行军多日，疲惫不堪，路过此地需要休息养精蓄锐，如果再徒步行军将会削弱战斗力。要走也可以，但要求汤斌调集五千辆车子让士兵乘坐。

可是潼关附近只有二千辆车子，陈德之听到这个消息后说：“既然只有二千辆那也是没办法，但是另外三千辆由汤大人出钱，一辆车十两银子。”此时汤斌才知道陈德之的如意算盘，心里非常愤怒。但人家兵权在握，也拿他没办法。

汤斌计上心来。他调集二千辆车子后去见陈德之，说：“车已就绪，剩下的兵车，我愿按您说的办，一辆车子十两银子。但目前我不知道还差多少辆车，这样吧，您将军队调到关外，依次上车，看还剩多少士兵，还需多少辆车，再付银两，如何？”陈德之同意，并下令将军队调出关外。

汤斌一边安排酒席，并请来一个戏班，让陈德沉溺酒色之中。另一边汤斌带人来到关外，要那些士兵十人一车，坐满就出发。士兵们事先没有与陈德之通气，不知其中有诈，个个欣喜，依次上车。两个时辰后，两万士兵被安排走光了。而此时的陈德之还沉浸在酒色之中，汤斌见时机已到便下令鸣炮为总兵大人送行。陈德之惊怒交加，但因有言在先，也不便发作，只好狼狈地离开了潼关。这件事使潼关百姓对汤斌感激不尽。

后来汤斌出任江苏巡抚。上任后第二年，扬州旱情严重，百姓食不果腹。汤斌下令开仓救灾，还发动全省文武百官拿出自己的钱财食物救灾，但还是杯水车薪。于是汤斌下令江苏布政使从国库拨出存银五万两采购大米。当时很多人告诉他，动用国库存银事关重大，不经圣上批准，将来降罪下来，恐怕担罪不起。汤斌说："如果等圣旨下来再去买米，老百姓早饿死了，圣上仁爱，不会降罪；如降罪我一人承担，与你们无关，我一人如能救千万百姓的性命，死不足惜！"

但是三万两银子也还不能解决问题，于是汤斌让前去买米的官员，沿途散布消息，说扬州米价已涨到一两银子一斗，政府和民间买不到米。这一来，各省的米商以为有利可图，从全国各地将成堆成堆的大米源源不断地运往扬州。扬州的米多了价格自然降下来，最后降到一斗米只要一百个铜钱，米价便宜了，老百姓也能买得起了，于是由旱灾引起的饥荒很快得到了缓解。

汤斌一心为民，不畏惧得罪君主和高官，以他的胆识和机智为数十万计的百姓谋利，这是爱民的典范。

原文

问：为政更张之初，莫亦须稍严以整齐之否？曰：此事难断定说，在人如何处置，然亦何消要过于严？今所难者是难得晓事底人。若晓事底人历练多，事才至面前，他都晓得依那事分寸而施以应之，人自然畏服。今人往往过于严者，多半是自家不晓，又虑人欺己，又怕人慢己，遂将大拍头拍地，要他畏。程子曰：“管辖人亦须有法，徒严不济事。”（《朱文公政训》）

译文

有人问道：“处理政务更改议定的事情之前，是不是也需要运用威严统一一下人们的思想呢？”回答道：“这种事情很难断定地说，在于个人如何处置，但是何必要过于严厉呢？如今难得的是通晓事理的人。如果是通晓事理的人，因为历练多，事情刚到面前，他就知道处理那件事情的分寸而采取相应的措施应对，别人自然敬畏佩服。如今往往过于严厉的人，多半是自己不明白，又怕人欺骗自己，又怕人轻慢自己，于是用大拍子拍过去，要别人畏惧他。”程子也说：“管理人也要有法则，只有严厉是不济事的。”

解读

当官不是板起一副面孔来，让别人畏惧就可以令出即行。如果只有严厉的一面，不会刚柔相济，就会使事情办起来缺乏润滑剂，事情即使办成了，也会是你不情我不愿的。这里又说出许多人的通病，就是怕自己没经验，所以就装纸老虎，以为可以唬住别人，岂知这样只会唬人一时，久了终会露出马脚，还是要从实践中多磨炼自己，学会宽严相结合。

案例

楚庄王仁厚宽容

人非圣贤，孰能无过。很多时候，我们都需要宽容，宽容不仅是给别人机会，更是为自己创造机会。保全下属的尊严，有时也是一种有效的激励。

春秋五霸之一的楚庄王为了犒赏凯旋而归的将士，在宫中设宴开席，群臣将士们喝得热火朝天。楚王也十分高兴，兴致高昂地叫出自己最宠爱的王妃，并叫王妃一一给群臣斟酒助兴。

夜幕降临，正当大家喝得开怀的时候，忽然一阵大风吹进宫中，宴席上的蜡烛全部熄灭，宫中立刻一片漆黑。有一人酒壮色胆趁着黑暗拉扯王妃的衣服，想非礼王妃。恼羞成怒的王妃一把扯断了他的帽带，挣脱离开。王妃摸黑来到庄王身边耳语："刚刚有人想趁黑非礼我，我已扯下了他的帽带，请大王赶快点灯，没有帽带的就是非礼我的那个人，抓起来处置他。"

庄王听后说："爱妃，今天寡人宴请群臣，酒后失礼不宜怪罪。再说，众位将士为国效力，我不能为了一件小事而处罚我的将士。"说完，庄王不动声色地对众人喊道："各位，今天寡人请大家喝酒，为了尽兴，请大家都把帽带取掉。"

于是黑暗中群臣都取掉了自己的帽带，当灯亮的时候，宫中一片欢笑，众人尽欢而散。

三年后，晋国攻打楚国，楚庄王亲自挂帅迎战。交战中，庄王发现自己军中有一员将官，总是冲杀在前，奋不顾身，所向无敌。众将士在他的影响和带动下，奋勇杀敌，斗志高昂。最后这次交战，晋军大败，楚军大胜回朝。

战后，楚庄王召见那位将官，好奇地问他："寡人平日好像并未对你有过什么特殊好处，可是此次战斗中看你奋勇异常，你如此冒死奋战是为什么呢？"

跪在地上的将官低头回答说："三年前，臣在宫中宴席酒后非礼王妃的罪人，本该处死，可是大王不仅没有追究，反而还设法保全我的颜面，臣深深感动，对大王的恩德牢记于心。从那一刻起，我就立誓要时刻准备用自己的性命来报大王的恩德。每次在战场上我都奋勇杀敌，就算战死沙场也在所不惜！"

一番话说得楚庄王和在场将士感动异常。楚庄王亲自走下台阶扶起那位将官，将官已是泣不成声。

所以宽容他人就是善待自己。人各有各的缺点，金无足赤，人无完人，如果这些缺点不妨大事，该宽容处且宽容。

原文

为治之道，其要莫如省心。心省则事省，事省则民安，民安则吏无所资。一或纷然，上下胥罹其扰也。然事亦有必不能省者，则又在夫措画，堤防之术何如耳。古人谓多算胜少算，少算无算，不特用兵为然。一役之修，一宴之设，一狱之兴，诚能思虑周祥，繁略毕举，则民之受赐不浅矣。（《三事忠告》）

译文

治理国家的准则，没有比少费心思更为重要的了。心思少费了事情也就少了，事情少了百姓就安宁了，百姓安宁了官吏受贿就没有了凭借。一旦繁杂，上下级官吏都会受到干扰。然而，也有一定不能省，又在自己计划内的事，应对的策略是什么呢？古人说：“多算胜少算，少算胜无算。”不只用兵是这样。一个工程的修造、一个接待宴席的安排、一个案子的审理，如果确实能思虑周详，繁的简的都拿出来进行比较，然后删繁就简，老百姓就会受益不浅。

解读

这里讲的道理是古代经常讲到的休养生息的政策，与国外的思想相比，就是市场经济思想，也有点自由主义思想，让百姓自己去发展，不要事事处处都管，这样只会管得太死。当然，这里更是辩证地讲这个道理，就是在微观的基础上要讲求宏观的调控，只有这两方面抓好了，才能治理好国家。

案例

文景之治

万物皆有道，天也有他运行的轨道，老百姓也有自己的生活常规。君主如果能够遵守休养生息的规律，让人民安居乐业，使农业、工商业等得到了迅速发展，天下自然就平安无事。

汉文帝刘恒是刘邦的儿子，他的母亲是毫无势力的薄姬，刘邦镇压陈豨叛乱后封刘恒为代王。刘邦去世后，吕太后专权，把持朝政，将薄姬刘恒囚禁他乡，不让他们回宫。因薄姬信“黄老之学”，教刘恒推崇休养生息之道，传回宫中得到很多大臣的赞赏。吕后一死，太尉周勃、丞相陈平等大臣消灭吕后一派势力，并迎刘恒入京，拥戴他为皇帝。

文帝得其母亲言传身教，谦逊克己，是个英明的君主。他非常重视农业生产，因此采取各种措施鼓励农耕桑织，他还常颁布减省租赋诏令以减轻人民的负担。同时他还废除秦代的严刑峻法，并在高祖、吕后改革的基础上，又做了重大变革。

对于少数民族，文帝采取的是友好安抚的政策，不征战少数民族，并且与少数民族维持友好和平的关系。这使得少数民族得到了很好的管理，并且归顺。边境战争减少，人民安居乐业，开发边境，屯田积粮。

在生活方面，文帝崇尚勤俭自持，提倡节俭。他在位期间，不大兴土木，建设宫殿苑囿，也没有增加车骑服御。有一次，他想做一个露台，听说需要一百金后，他便放弃了这一想法。他说：“百金可以供很多百姓吃喝几年，我怎么能花百金建露台浪费钱财呢。”他还减少自己的开支，裁减侍卫人马以减少人民税负。并下诏不接受地方贡献的锦绣等奢侈物品，并禁止地方官员购买黄金珠玉，否则以盗窃论罪。

汉文帝的长子汉景帝刘启在位时效仿其父实行无为政治，休养生息，节俭爱民。汉文帝和汉景帝以清静不扰民为政策，海内富庶，国力强盛。文帝与其子景帝的两代统治，历来被视为盛世，史称“文景之治”。

从汉文帝和汉景帝身上可以看出体恤百姓要与民休息，人民休养生息，国家才能生生不息，这就是国富民强的奥秘。作为君主除了与民休息之外还要宽容大度，严苛的律法只会让人民反感，适当的宽容更利于归顺民心。

原文

立身治事，自有一定之理，惟人是倚，势必苟同；以己为是，势必苟异。苟同者不免诡随，苟异者必致过正。每两失之。惟酌于理所当然而不存人之见，则无所处而不当。故可与君子同功，亦不妨为小人分谤。(《学治臆说》)

译文

立身处事之时，自然的一定的原则可以遵循。如果只是依靠他人，一定会对任何事情都毫无原则地表示赞同；如果只是认为自己正确，那么势必会造成对任何事情都毫无原则地加以反对。毫无原则地赞同别人，不免随波逐流；毫无原则地反对别人，势必把事情做过了头。往往是两头都有过失。只有认真地考虑事物的客观情况，不存在任何个人的偏见或他人的偏见，那么才不会出现任何处理不当的情况。所以，一个人可以和正人君子共同享受功劳，也不妨为那些小人分担些非议。

解读

极高明而道中庸，这里的中庸不是和稀泥，装老好人，而是讲的一种为人处世的原则。要据事情的客观规律办事，有点科学发展观的意味。不要带着太多的主观因素来对人或对事。所以不要以道德上的君子或小人来作为处事的基本原则，小人是按客观规律把事情做好了，也要给予帮助，分担些非议，此言难得也。

案例

张良为雍齿请功

君主或是为官者不应以个人恩怨而丧失对事物的客观评判，继而损害国家百姓利益；更不以个人好恶而处事不讲求原则，这样只会民心背向，走向衰亡。

刘邦得天下后，将他身边的人论功行赏，封了一批功臣，但是还有很多功臣没有封，因为封功之事涉及烦琐，封得不当还会招来非议，刘邦不想再烦了，就把封功论赏的事搁置一边。

有一天，下面的官吏禀告刘邦有些大臣在宫殿里窃窃私语，刘邦叫那人带他和张良去查看，远远看到一群大臣坐在地上，嘀嘀咕咕，交头接耳。刘邦就问张良说："那些人在说什么呢？"

张良故作惊讶地说："陛下，他们在商量谋反啊！"

刘邦质疑说："你不要乱讲，天下刚刚安定，谋什么反啊？"

张良说："现在陛下将论功行赏搁置，这些人担心军吏统计功劳是否公平，天下还有多少可以封赏的，是不是可以拿出来封赏的东西已经不多了，这是害怕陛下不能尽心封功。陛下从布衣起家，以此来得到天下，如今陛下贵为天子，所封功的都是萧何与曹参这些所喜爱的，而诛杀的都是生平所结怨的。同时他们又害怕他们以前得罪过陛下，是不是就得不到封赏了，甚至担心会被平生过失所诛杀，他们这是想不明白，所以在那儿商量谋反！"

刘邦听了张良的话后如醍醐灌顶，才明白这是个严重的问题，马上问张良解决办法。

张良说："请陛下想一想，在这些功臣当中，有没有功劳很大，但和陛下关系非常恶劣的人？"

刘邦仔细一想，在所有的功臣中，有一个叫雍齿的人非常可恶，他曾多次侮辱过自己，刘邦早就想杀他了，可是他功劳太大，怕引起民愤。

张良请求刘邦马上封雍齿，以示群臣。刘邦欣然接受了这个建议，封雍齿为什邡侯，并设酒宴庆祝，群臣吃完酒宴后，都高兴地说："雍齿尚且能封为侯，我们就没有什么可担心的了。"皇上对于他最讨厌的雍齿都封侯，所有的功臣都安心了。

从张良为雍齿请功这个案例中，可以看出处事要遵循原则，更要实事求是，只有这样人心才会归顺！

原文

当官之法，直道为先。其有未可一向直前，或直前反败大事者，须用冯宣徽惠穆秤停之说，此非特小官然也，为天下国家当知之。黄兑刚中尝为予言：顷为县尉，每遇检尸，虽盛暑亦先饮少酒，捉鼻亲视，人命至重，不可避少臭秽，使人横死无所申也。范侍良育作库务官，随人箱笼，只置厅上，以防疑谤。凡若此类，皆守臣所宜详知也。(《官箴》)

译文

做官的原则，首先应该是走正道。但是也有不能一直向前的，或者因一直向前反而坏大事的，需要运用冯宣徽、吕公弼的“秤停”之说。不只是小官应当这样，执掌国家大权的人也应当知道。黄兑刚中曾对我说：“不久前做县尉的时候，每遇到解剖尸体，虽然是酷暑季节，也要先喝点酒，捉着鼻子亲自察看。人命是最重要的，不能为了躲避些许脏臭，让人意外死亡而没有申诉的机会。”范侍良做库务官的时候，随从的箱包只放在大厅里，以防人们怀疑和非议。但凡这类事情，都是地方长官应该详尽地知道的。

解读

为官之道在讲原则的同时，一定要有灵活性，直陈之官固然是好的，但不免显得死板。所以有些事情还是要讲些方式方法，古代叫“秤停”之法，就是孟子所谓的通权达变之理。孟子举的是叔嫂的关系，这里讲的是尸检和随身物公开的故事，道理都是一样的，为官一定要想得周全一些，把各种事情处理得井井有条。

案例

通权达变孙叔通

作为官场的一员，与上下级之间都不是孤立存在的，世事纷繁，都免不了要和周围的人周旋，特别是在人心不古时怎么样才能在复杂的关系中站稳脚跟，一帆风顺向前呢？这就得学会灵活，通权达变。

秦始皇死了不到一年，受压迫的百姓就开始反对秦朝暴政，纷纷起义，陈胜、吴广也加入了起义的队伍。二世皇帝得到消息后，便立马召集宫中大臣说："听说楚地国界的守军叛乱，攻入陈郡，还占领了蕲县。对于这件事，你们有何见解？"虽然秦始皇已经死了，但百姓对于三年前"焚书坑儒"的事件仍心有余悸。况且二世皇帝为了彰显大秦帝国的国威，不断乱杀无辜，问罪群臣。介于二世皇帝的暴虐，群臣吓得不敢非议，只能趋炎附势地建议皇帝处死这些暴乱的百姓。他们私以为向二世建议处死暴民，会博得他心欢。

听了群臣的话，秦王想到如此多的人反叛自己，心里非常不是滋味。孙叔通看到这种情形之后，心生一计说："臣不认为陈胜、吴广之辈有反叛的嫌疑。我大秦帝国，国富力强，当今天下没有不归顺的。如今四海为一家，郡县之间的城墙被拆除，兵器也被熔掉，全国上下，国泰民安，再也没有战争的痕迹，这是众所周知的事实。天主在上，威令传遍四方，百姓安居乐业，天下的人没有不悦服皇上。秦王英明神武，太平盛世，怎么会有叛乱的事情，那只不过是一些盗贼之间的打闹，小题大做而已，搞得全国上下沸沸扬扬罢了，臣认为是大家多虑了。"

二世皇帝听了孙叔通这番宽慰人心的话，心里的一块大石头也落下地了，心情非常舒畅，立马赏赐他绫罗绸缎，并升他为博士。而那些认为是一场叛乱的大臣们，却均以口出不逊的罪名交给司寇处理。退朝之后，孙叔通的同僚们攻击他说："你太阿谀奉承了，也未免太过分了。"孙叔通说："我与你们不是同路人，我只是用计在保全身家性命罢了。"

面临险境，面对喜怒无常的上司，既然不能坦然地说出客观事实，那么就以保周全为首要。此时不妨换个方式表达，灵活应对。虽然孙叔通这样的做法不为人们所服，但在那个时代下，他也是迫于无奈，也是一种生存之道，我们不能够否认通权达变的作用。

原文

子张问于孔子曰：何如？斯可以从政矣。子曰：尊五美，屏四恶，斯可以从政矣。子张曰：何谓五美？子曰：君子惠而不费，劳而不怨，欲而不贪，泰而不骄，威而不猛。子张曰：何谓惠而不费？子曰：因民之所利而利之，斯不亦惠而不费乎？择可劳而劳之，又谁怨？欲仁而得仁，又焉贪？君子无众寡，无大小，无敢慢，斯不亦泰而不骄乎？君子正其衣冠，尊其瞻视，俨然人望而畏之，斯不亦威而不猛乎？子张曰：何谓四恶？子曰：不教而杀谓之虐；不戒视成，谓之暴；慢令致期，谓之贼；犹之与人也，出纳之吝，谓之有司。(《论语》)

译文

子张问孔子说：“怎样才可以治理政事呢？”孔子说：“尊重五种美德，排除四种恶政，这样就可以治理政事了。”子张问：“五种美德是什么呢？”孔子说：“君子要给百姓以恩惠而自己却无所耗费；使百姓劳作而不使他们怨恨；要追求仁德而不贪图财利；庄重而不傲慢；威严而不凶猛。”子张说：“怎样叫要给百姓以恩惠而自己却无所耗费呢？”孔子说：“让百姓们去做对他们有利的事，这不就是对百姓有利而不掏自己的腰包嘛！选择可以让百姓劳作的时间和事情让百姓去做。这又有谁会怨恨呢？自己要追求仁德便得到了仁，又还有什么可贪的呢？君子对人，无论多少，势力大小，都不怠慢他们，这不就是庄重而不傲慢吗？君子衣冠整齐，目不邪视，使人见了就让人生敬畏之心，这不也是威严而不凶猛吗？”子张问：“什么叫四种恶政呢？”

孔子说:“不经教化便加以杀戮叫作虐；不加告诫便要求成功叫作暴；不加监督而突然限期叫作贼，同样是给人财物，却出手吝啬，叫作小气。”

解读

有关为官的准则还有很多，以上所列算是一个大概的纲要。最后还是用孔夫子的话做一个收束。孔子这里所讲是为官的“五美四恶”。其中主要是学会使民，树立形象，做一个温和而有原则的官员。而且要加强教化和监督。总之，为官之道，在有一些基本的准则外，还是要讲求实践，在实践中总结经验，与时俱进。

案例

“悬鱼太守”羊续

贪污受贿是古往今来一个无法抗拒的问题，但是，为什么很多古人却能够在上任之时，不动用权势，不贪污腐败，不伤害百姓呢？因为他们心系百姓国家。为官者要用“五美四恶”来严格要求自己，抵制官场不正之习，弘扬清廉之风。

中平三年羊续任南阳太守。上任后他颁布政令，为百姓做实事，使百姓们心悦诚服。不久后，南阳郡便出现了乱世中少见的安居乐业的场面。

南阳是东汉光武帝刘秀的家乡，是出帝王的地方，从东汉以来，就是贵族聚居之地，所以这里的人民好奢华。尤其是达官贵族，他们生活奢靡，行贿之风盛行。作为南阳郡父母官，羊续对这种行贿奢靡之风非常厌恶，下决心要以自己的清俭行动来抵制浮华的民风。

某天晚上，羊续正在书房秉烛夜读，下人来报，郡丞焦俭前来拜访。下人把焦俭请入书房，羊续和焦俭天南地北地高谈阔论了一番。临别前，焦俭说:“大人向来清正廉洁，大家都有目共睹。看你平时官务劳累，饮食又及其简单，可得保重身体啊！下官今天外出闲钓，钓得两条鱼，一条留着自己享用，另一条就送给大人改善一下伙食，尝尝鲜吧。还希望大人笑纳，不要嫌弃。”说完，从门外拿出一个鱼篓，从里面提出一条肥美的大鱼。羊续看他说得真情意切，一时感到左右为难。不收吧，驳了焦俭的情面，显得尴尬，人家毕竟是一片好心，也并无他意；收下吧，又怕别人知道后相继效仿，坏了自己的名声。于是想了一计，把鱼收下。等焦俭走后，羊续立即命人将那条鱼悬挂在书房外的树上。挂在树上的鱼被风吹来吹去，几天之后就成了一条干鱼了。羊续也不命人取下来，就让鱼一直挂着。

没过多久，焦俭又来拜访，这次他提着一条更肥美的大鱼。羊续看到他来了，二话没说，就领着他来到书房外的树下，指指树上笑着说："看到了吧，你上次送的，我都还没有动。你这次或者下次送来的，我还会收吗？你送的这条鱼，我会一直挂在树上，做一个叫人不要再来送钱送礼的活告示。"焦俭不看则已，一看尴尬得无地自容。

羊太守悬鱼拒贿的事经下人和郡丞焦俭之口很快在南阳传开了，那些还在准备给羊续送礼的人听到风声后也不敢再送了。后来当地人送了羊续一个雅号——"悬鱼太守"。

文官不爱财，武官不惜死，不患天下不太平。纵观中国历史各大盛世转为衰败从而改朝换代，其中最主要的一点不是来自外部的压力，而是自身的腐败。官吏的清正廉明是国家长治久安走向富强的重要保证。

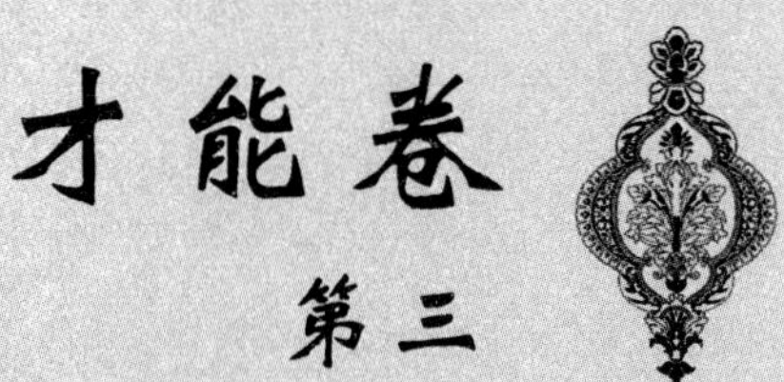

才能卷

第三

原文

天子之职，莫重择相，宰相之职，莫重用贤。然则何以知其贤？询诸人则知之，察其行则知之，观所举则知之。夫为室而不众工之资，梓人虽巧，室不能成矣。为国家而不众贤之集，相臣虽才，国不治矣。彼为相者，诚能开诚布公，廓焉无我，己有不能，举能者而用之；己有不知，举知者而用之，己有不敢言；举敢言者而用之，如是则彼之所能皆我有矣。必欲一身而兼众人之事，虽大圣大贤有所不能。夫粹白之狐，举世无所有也，然而有粹白之裘者，善取于众而已矣。况大臣初不贵乎事无不知，第公正其心，无所媢疾，则智者效谋，勇者效力。呫呫以为才，捷捷以为辩，自衒自伐，则贤者必不乐为之用。(《三事忠告》)

译文

天子的职责，没有比选择宰相更重要的了；宰相的职责，没有比任用贤人更重要的了。那么，怎么才能知道他是贤人呢？向别人询问之后，就知道了；察看他的行为，就知道了；观察耷的举止，就知道了。造房子没有众多工人的帮助，木匠即使手艺很巧，房子也不能造成。治理国家如果不能聚集众多的贤才，宰相即使很有才能，国家也是不能治理好的。那些做宰相的人，如果确实能开诚布公，坦荡无私，自己不能做的，举荐能做的人任用他们；自己有不知道的，举荐知道的人任用他们；自己不敢说的，举荐敢说的人任用他们。这样，他们的所能都会成为其所有。如果一定要一个人兼做许多人的事情，即使是大圣大贤也不能做到。纯白的狐狸，整个世上都没有。但是有纯白的皮衣的原因，只是善于从许多狐狸的皮毛中选取罢了。何况大臣，最初就不以事事都知道为贵，只要内心公正，没有嫉妒，那么智慧的人就会贡献出谋略，勇敢的人就会显示出力量。絮絮叨叨地认为自己有才能，花言巧语地认为自己能言善辩，自夸自耀，那么贤能的人一定不乐意被驱使。

解读

为官之人首先要做的就是选人，而且要选好人、选对人。如何做到呢？首先就是要放低自己，如果自己总是一副高高在上、目中无人的心态，那有才能的人都会敬而远之。其次就要看对人，什么人有什么才能，一定要看清、看透，如果发生了错位现象，事情就会做得一团糟，也浪费了人才。

案例

任人唯贤

招募贤才是每个明君治国的必要措施，纵观古今中外，凡成大事者旗下都有一帮“良将精兵”，想要成功用人就要外不避仇，内不避亲！

公子纠和公子小白是战国时期齐国的王子，他们每个人都有一个很有才能的师傅，公子纠师从管仲，公子小白师从鲍叔牙。公子纠和公子小白的哥哥齐襄公荒淫无道，国弱力衰，奸臣把持朝政。没过多久，齐襄公被害，大臣们拥立新君。公元前686年，公子纠与他的师傅管仲逃往鲁国避难，公子小白则跟着他的师傅鲍叔牙逃往莒国避难。

在他们逃往他国避难的第二年，新上任的君主又被一帮奸臣暗害。国不可一日无君，作为齐国的储君公子纠和公子小白必须有一个回国登上君主之位。群臣商量之后决定拥立公子纠当齐国国君，便派人赶往鲁国去迎回公子纠，鲁庄公闻讯后亲自带兵护送公子纠回国。

公子纠的师傅管仲担心逃亡在莒国的公子小白因离齐国近，抢先回齐国夺得君位。与庄公协商后管仲决定亲自率领一支人马去莒国拦截公子小白。

管仲带领队伍急行到即墨附近时发现了公子小白，果然不出管仲所料，公子小白和鲍叔牙正赶往齐国，管仲便上前说服他不要去。关系到登基立位，小白不听从管仲的劝说，坚持要去。情急之下，管仲拔箭张弓偷偷向小白射了一箭。小白立即倒地，管仲以为他已被射死，为公子纠去掉一心头大患，便不慌不忙地回到鲁国再护送公子纠回齐国。

岂料，公子小白虽然倒地，并未死，趁管仲和公子纠不慌不忙回齐国，小白和鲍叔牙快马加鞭，反而赶在管仲和公子纠之前回到了齐国都城。倾尽各种办法说服大臣们，改立公子小白为国君，公子小白就是后来的齐桓公。即位后齐桓公向支持公子纠的鲁国发起进攻，结果鲁国大败，作为战败方鲁国只得答应齐国，将公子纠逼死，把管仲抓起来。齐国上下都认为国君为报一箭之仇绝不会饶恕管仲，非处死他不可。

被抓的管仲从鲁国押解回齐国，行至绮乌时，守卫边界的官员竟跪在地上，神情十分恭敬地端饭给管仲吃。等管仲吃好饭，他私下问道："如果您到齐国后，侥幸没有被杀而得到重用，您将怎样回报我？"他以为管仲会感激涕零，没想到管仲说："要是照您所说的那样我得到重用，我将举贤任能，我又怎么能报答您呢？"

管仲被押到齐国都城后，令管仲没有想到的是鲍叔牙居然亲自前去迎接。后来齐桓公不仅没有对他报一箭之仇，反而摈弃前嫌，任命他为相国，而鲍叔牙自愿当他的下手。

不管是管仲还是鲍叔牙或者是齐桓公，他们都任人唯贤，哪怕对方是仇人，只要贤德具备就重用。古今中外，通过"让贤"，能使国富民强，雄霸天下；通过"让贤"，能突破增长的瓶颈，成就"百年企业"；通过"让贤"，能使个人潜能发挥到极致，成就一番大事业。

原文

甚矣，人之不可无教也！生如圣人，犹胥训告，况不能圣人万一者，可勿焉而务哉？大抵常人之情，服其所遵，而信其所畏。非是者虽耳提面命，则亦不足发其良心。何则？非所素服素畏故也。今夫庶司之职，为众所畏服者，莫如风宪，诚因监莅于彼，或始上之日，会所属而勖之曰：“彼之官重者廷授，次者省授，又次则吏部授，大小虽殊，无非国家臣子。为人臣子，奸污不法，人孰汝容？夫纳贿营私，所得甚少，所丧甚多，与其事败治汝，曷若先事而教之为愈哉？吾之此言，虽曰薄汝，实厚汝也；虽若毒汝，实恩汝也。”苟能如是谕之，吾知退而必有率德改行，易凶恶为善良者矣。且刑罚不足致治，教之而使不犯，为治之道莫尚焉。（《三事忠告》）

译文

太重要了！人是不可以不教化的。生下来即使像圣人一样，还需要进行训诫，需要进行教诲，何况连圣人的万分之一都不能及的人，可以忽视而不着力进行教化吗？大概人之常情，服从他认为应当遵守的规矩，信奉他所畏惧的法纪。如果不是这样，即使耳提面命，也不足以启发他的良知。为什么呢？是因为不是他平素服从和畏惧的。如今衙门里各种职务中，被众人所敬畏服从的，没有比得上监察官，可以趁着监察官亲临某个地方监督，或者在上任那一天，召集所属官吏勉励他们说：“你们的官职，重的是朝廷授予的，轻的是中书省授予的，奸邪贪污，不守法律，谁能容忍你们呢？收受贿赂，营私舞弊，得到的很少，失去的很多，与其事情败露以后处理你们，哪如事先教导你们更好呢？我这些话虽然说有点鄙薄你们，其实是厚待你们；虽然好像是伤害你们，其实是给你们恩惠。”如果能这样去教导他们，我想你离开以后，他们一定会遵循道德，改变行为，把凶恶变为善良。况且刑罚不足以达到政治清平，教化才可以使人不违犯法纪，治理天下的方法没有超过这个的。

解读

选好贤才后，还要进行管理，这里提到最重要的是教化，也就是现在所谓的思想政治工作，文中提到的方法，可以在现实中进行应用，一是起到震慑作用，再者也提前打好预防针，效果总还是有的。

案例

韩延寿黄霸教化治民

法治治于人，德治治于心，历史上注重道德教化的官员都能得到百姓拥戴，并且政绩卓越。移风易俗，传播礼乐文明是教化民众的主要方法，通过教化使民众开化，遵德守纪，国家不治而治。

历史上积极从事教化的事例很多，如汉朝太守韩延寿任颍川太守时，非常注重礼仪教化。当时颍川民风剽悍，民众之间关系恶劣，冤冤相报的事时有发生。韩延寿面对这种凶暴的民风，采取了很多教化措施，着力培育礼让之风。

为了了解当地的风土人情，他请来当地德高望重的长者，好生招待他们，他亲自作陪，以礼相敬。向他们探讨风土人情的同时，乘机向他们宣讲民众相亲相爱和化解仇恨的方法。那些德高望重的长者听了他的方法后觉得很好，也可行。他们还聚在一起商定了民间嫁娶丧祭的礼仪。

之后韩延寿下令学校老师先生开设课堂为百姓宣讲嫁娶丧祭的礼仪，一传十十传百,百姓们都知道了这些礼仪，并遵守，颍川的风俗在韩延寿的教化努力下为之一变。

韩延寿调走后，黄霸任颍川太守。黄霸也是一位开化贤明的人，他效仿韩延寿，加大力度进行教化。在韩延寿的基础上，黄霸新增了其他德育的教化，并且工作非常细密，连柴米油盐之类的俗务也不放过。教化的对象范围更广，男女老少都得到了教化，就连闺阁中的姑娘也受教。

在韩延寿和黄霸两任郡守的大力推行下，颍川昔日蛮横的民俗民风烟消云散，成为文明礼义之乡。

不管是韩延寿还是黄霸，均在其管理的地区内努力推行道德教化，使人民“回心乡道”，百姓受益。比起律法的冷酷，教化更深入人心，古谚曰：为官一任、造福一方。官吏固然也有守土安民以及完粮完赋等治理任务，但移风易俗，宣扬礼义，文明一方，更是其职责所在。中国古代文明之所以历久弥坚，生生不息，与古代官吏前赴后继地执着推行道德教化，密不可分的。

原文

今为政者，往往以先入之言为主，非彼狃徇一偏，盖由不通上下之情故也。故通其情莫如悉心询访，小而一县一州，大而一郡一国，吏孰贪邪，官孰廉正，何事病众，何政利民，豪横有无，风俗厚薄，既得其凡，他日详加综核，复验以事，其孰得而隐哉？（《三事忠告》）

译文

如今处理政事的人，往往把先听到的话放在主导地位，这不是因为他习惯于偏听偏信，而是因为不知晓上下实际情况的缘故。要想知晓实际情况，没有比尽心察访更好的了。小到一个县一个州，大到一个郡一个国家，哪一个官员贪婪奸邪，哪一个官员清正廉洁；什么事危害百姓，什么政令给百姓带来利益，以及有没有豪强恶霸，风俗是淳厚还是淡薄。既然已经得到了大概情况，日后详加总结核实，再拿具体事情去验证，那有谁能够隐瞒呢？

解读

为官要学会搞调查研究，如果偏听偏信，做出的政令就会出现错误，有的人就会遭殃。只有从多方面了解情况，慎重地做出命令才好。现在的信息是很发达的，报纸、电视、网络等，但是要在海量的信息中学会甄别真假，从中提炼出有利于自己施政的信息。

案例

邹忌讽齐王纳谏

偏听偏信遮蔽眼，要想得到真实有效的信息就要事事考究，亲临查访，做到上下知晓，不误事、不误人、不误国。

春秋战国时期，七雄争霸，国与国之间兼并战争异常频繁，为了赢得战争与领地各诸侯争相招揽人才，虚心纳谏。

邹忌是齐国大臣，他身型修长，长相俊美，仪表堂堂，是齐国第一美男子。邹忌不仅长相不凡思想才华也出众。后来齐国城北来了一位俊美男子徐公，长相比邹忌有过之而无不及。

有天清晨，这位邹忌起床后穿戴好衣帽，站在一面铜镜前问他妻子："和徐公比，我们俩谁长相更俊美？"他的妻子毫不犹豫地说："和徐公比，您更加俊美，徐公怎么能和您相媲美呢。"

听了妻子的话邹忌半信半疑，为了确认，他走到小妾那里，问小妾："我和徐公相比，谁更英俊？"邹忌的话还没说完，妾不假思索地说："这还用问吗？当然是您更加英俊。"

听了小妾的话，邹忌还是将信将疑。凑巧第二天有人从拜访邹忌，邹忌心想，他既不是我的妻子也不是我的妾，应该不会偏向我。于是，和客人谈话的时候，邹忌假装不经意问道："你认识徐公吧，我和他相比，谁更好看？"没想到客人说："徐公不及您美丽。"

听了客人的话后，邹忌相信自己比徐公俊美。

又过了一天，没想到徐公前来拜访，听到下人禀报后，邹忌急忙迎出去，仔细地端详徐公，经过一番端详，邹忌觉得他比不上徐公。

送走徐公后再照着镜子看看自己，更觉得远远比不上人家。邹忌陷入了沉思，夜幕降临，躺在床榻上琢磨这件事，最后得出了结论：做事不能偏听偏信，要亲自核实检查。

说："我的妻子认为我美，是偏爱我；我的小妾认为我美，是惧怕我；客人认为我美，是想要有求于我。"

天未亮邹忌就上朝拜见齐威王说："大王，我问我的妻子，我和徐公相比谁美丽？我妻子因为偏爱我，说我更美。我问我的小妾，我和徐公相比谁更美？我的小妾因为害怕我，也说我更美。我问客人，客人因为有事相求，奉承我，说我更美。他们都认为我比徐公美丽，当我亲自看到徐公时才知道徐公远比我美。

“我们齐国，土地方圆千里，城池一百二十座，大王高高在上，掌握着生杀予夺的权力，宫中的姬妾和身边的近臣，都偏爱大王；朝廷中的大臣，惧怕大王；国内的百姓，没有不对大王有所求的。由此看来，大王受蒙蔽比我还严重。”

齐威王说：“好。”于是下令：“所有的大臣、官吏、百姓，能够当面批评我的过错的，可得上等奖赏；能够上书劝谏我的，得中等奖赏；能够在众人集聚的公共场所指责、议论我的过失，并能传到我耳朵里的，得下等奖赏。”政令刚下达时，所有大臣都来进言规劝，宫门庭院就像集市一样热闹。几个月以后，有时偶尔还有人进谏。一年以后，即使想进言，也没有什么可说的了。

燕、赵、韩、魏等国听说了这件事，都到齐国来朝见，这就是人们所说的在朝廷上战胜了敌国。

从邹忌纳谏的故事中我们可以看出要成为贤明国君或成为一个卓越的官员就要善于听取多方面的意见，尽心察访，不偏颇不妄论。

原文

用人当明示以赏，不可暗受其欺。盖赏则感恩而生劝，欺则揖盗而长奸也。善人要奖劝之，恶人先戒谕之，不改，则惩儆之。元恶则翦除之。戒休董威，道贵并行，若一味姑容，养奸流毒，亦不是诚心爱民。(《幕学举要》)

译文

使用人应当明确表示奖赏，不可暗中受其欺骗。这是因为奖赏使人感恩而产生鼓励的效果，受到欺骗就等于揖请盗贼而产生奸邪。对善良正直的人要奖赏鼓励；对凶恶败坏的人，先劝告教育，不改正，就惩罚警戒他；对首恶元凶，就剪除他。劝告教育要温和，监督督察要威严，治理之道贵在刚柔并施。如果一味姑息容忍，养奸流毒，也不是诚心爱民的表现。

解读

赏罚是管理最重要的手段之一，为官的人要学会利用这两者，但要分清忠奸，奖对人，也罚对人。当然也要刚柔并施，还是要以教育为主。但对大奸大恶之人，就不能心慈手软，这是为官必有之决心，不然政乱而不行也。

案例

赏罚分明恩威并施

作为一个领导者要有赏罚分明的魄力，同时要有一颗感恩之心，然后才是自己的威望和威信。当然，作为一个领袖，也要刚柔并济，用自己的阳刚之气，用自己的魄力建立威望，用“刚”性树立自己的威信，同时也用自己“柔”性的一面去感恩他人、心怀他人，方可让他人心中有你。

战国时期的魏国鼎盛时期的君主魏惠王有一天和大臣卜皮出去郊游，魏惠王问卜皮：“卜皮，你担任地方官的时间很久了，和魏国的百姓接触的机会最多，知道百姓是怎么评价我的吗？”

卜皮回答道：“陛下，百姓都说大王仁慈。”

魏惠王听后心中窃喜：“真的吗？如果真是这样，那我们魏国一定能治理好。”

卜皮略有所思说：“回陛下，不是这样的，相反，魏国快要灭亡了。”

魏惠王惊愕道：“寡人以仁慈治国，难道不对吗？”

卜皮回答：“陛下您只给天下百姓留下仁慈的形象，就不能居人之上。如今即使百姓、大臣犯罪，陛下在处罚他们时也会踌躇不前。有过而不罚，无功却受禄，赏罚不分明。在百姓心中陛下是一个仁慈而没有威信的人，所以他们会放肆。我说国家快要灭亡，就是这个道理。”

魏惠王赏罚不分，恩威不济，让作奸犯科之徒安然处之，国将不国。而中国历史上另外一位君王在这方面做得滴水不漏。

清朝皇帝康熙英明果断，文武双全。作为一位少数民族的皇帝，康熙对汉族知识分子采取的措施是又拉又打，以拉为主而又加以防范，即赏罚分明，恩威并用。清朝建立初期，汉人地位非常低下，备受满人歧视，不少汉官心存怨恨，不肯为朝廷效力。为了安抚汉官，康熙一再声称“满汉皆朕的臣子”，宣布“满汉一体”，划一品级，满汉大小官员只要职位相同，其品级也就相同。同时，任用大批汉官担任封疆大吏，汉人官员多于满人使汉族官员学士不再不满，并且死心塌地地为清朝效力。

为了在汉人心中树立亲汉的形象，康熙常常邀请汉族官员到禁苑内一起垂钓、游玩，受邀请的汉族大臣将此视为莫大的荣幸，从而对康熙更加忠心耿耿，鞠躬尽瘁。

但是康熙不只施展仁慈，对汉族官僚士大夫、知识分子也还有防范的一手，经常派心腹监视地方汉族官吏和当地人民，使地方官吏人人自危。“赏罚分明、恩威并施”，这种又拉又打的两面手法，制止了汉族士大夫的分裂倾向，巩固了清朝的统治基础。

奖赏固然会激励人，但惩罚更能够告诉那些犯错者，绝不能为所欲为。魏惠王和康熙两个不同时代的君主，一个只知奖赏仁慈，最终国破家亡，而另一个恩威并施，刚柔并济，国家一步一步走向强盛。

原文

凡国家礼文制度法律条例之类，皆能熟观而深考之，则有以酬应世务而不戾乎时宜。(《薛文清公从政录》)

译文

凡是国家的礼节、仪式、制度和法律条文之类的东西，都应该熟悉并能仔细考校，这样就有处理政事、应酬往来的能力，不至于违背当时的需要。

解读

为官之人要有章可循，这些规章就存于国家的一些礼节、仪式、制度和法律中，如果连这些都不熟悉，就不是一个合格的官员。现在的官员中，还是有一些人以人治为核心，忽视现在法律条文的规定，这样是不行的，一定要在法律的准绳下行事，才会使政令统一。当然首先是要加强学习，并且能不断校正现有条文，使国家更好地发展。

案例

刘邦约法三章

无规矩不成方圆，说的是万事要有章可循，国家礼节、仪式、制度和法律条文不可不重视，按礼节、律法办事的前提是要熟知礼文、律法，为官者只有熟知各项条文才能更好地为百姓谋利。

公元前206年就在项羽率主力军攻打关中之时，张良献计，刘邦派人偷偷说服秦国将领投降，将领归顺，刘邦成功偷袭武关。接下来刘邦再用张良的疑兵易帜之计，将士兵假扮成秦军，受蒙蔽的秦军节节败退，而刘邦的军队一路过关斩将。最后打到离秦国都城咸阳只有几十里路的灞上。

秦国皇帝子婴迫于刘邦的势力，在仅仅当了46天的秦皇帝后，向刘邦缴械投降。

秦军归降，刘邦大喜过望，趁势率领众将士开城门进入咸阳城。进入咸阳后和刘邦揭竿而起的乡下部下诸将哪见过这等场面，各种奇珍异宝，金银财宝，使他们眼花缭乱。为了争抢财宝，众将士闹得不可开交，几天下来咸阳城中混乱不堪。面对珠玉重宝和后宫佳丽，刘邦也无法抵挡诱惑，成天沉溺于酒色之乡。

樊哙和张良都为刘邦着急，他俩劝说道："沛公您不该在这里逍遥快活，免得失掉人心。"刘邦很感谢他俩的当头棒喝，并接受他们的意见。刘邦下令封闭王宫，并留下少数士兵保护王宫，率领军队还军灞上。

为了挽回在百姓心中骄奢淫逸的形象，赢取民心，刘邦派人把关中各县父老、豪杰召集聚在一起，向他们宣布："从今往后你们不会再受秦朝的严刑峻法了，我刘邦会把这些刑法全部废除。另外，我还要颁布三条法令，一杀人者要处死，二伤人者要抵罪，三盗窃者要判罪！现在我要和众位约定，不管谁，都要遵守这三条法律。"

刘邦说完，父老、豪杰们欢欣雀跃，表示拥护并遵守这三条法令。此前的秦朝，刑法众多却苛刻残酷，很少有维护百姓利益的条文，相比之下刘邦这三条法令旨在维护百姓生活秩序，使他们安居乐业。令一下各县各乡一传十十传百，百姓们听了都热烈拥护，认为刘邦是爱民、遵法的好君王。无数人送来好酒好菜慰劳将士，刘邦却不让军队收受。

刘邦约法三章并坚决执行，通过这件事他得到了百姓的信任、拥护和支持，最后取得天下，建立了西汉王朝。

从"约法三章"的事例中可以看出，一个国家要有序发展，必须要有适度的礼节律法，以此来规范百姓、士兵、官吏的行为。而管理者不仅要了解现有礼节律法，更要适时提出革新，以更好适应国家发展。

原文

宜习练公事。幕宾固不可不重，一切公事究宜身亲习练，不可专倚于人。盖己不解事，则宾之贤否，无由识别，付托断难尽效。且受理词讼、登答上司，仓猝自有机宜，非幕宾所能赞襄，不能了然于心，何能了然于口？耳食之言，终属葫芦依样，底蕴一露，势必为上所易，为下所玩，欲尽其职难矣。（《学治臆说》）

译文

应该练习办公事务及公文。幕僚师爷固然不能不重视，但一切公事还是应该亲自练习处理，不能全都依赖他人。因为官员本人不能熟悉办公事务及公文，就不能了解幕僚师爷是否贤能，无法去识别他们，托付他们办的事绝对不能做好。况且接受状词，审理讼案，进见上司时的对答，仓促间自有针对具体情况处理事务的办法，不是幕僚师爷所能帮助的。心里不清楚公事，嘴里怎么能说清楚？从幕僚师爷处听来的那一套，归根到底是依样画葫芦，官员不熟悉公事的底细一暴露，势必被上司所轻视，下属也瞧不起，要干好本职之事，做到任期届满是很困难的。

解读

官员的职务越高，幕僚人员越多，但是如果形成依赖就不好了，事事依幕僚筹划为准，自己渐渐退化，这样不但会被幕僚所控制，最后终会被上司发现，其结果则是官位不保。为官之人，一定要保持清醒，事事多思考，不可依别人之言而行。

案例

事必躬亲朱元璋

亲力亲为，我们方能对自己的领域有一个清楚全面的认识。如果不能亲力亲为，对公务一知半解，只留下个大致的印象，而不能通过勤练习来深入了解，如何能做到熟能生巧，从而取得好成绩，对百姓有所帮助呢！

朱元璋是中国历史上一个少有的勤政皇帝，他体力充沛，精力过人，事必亲躬，无遗巨细，几乎从不知道休息。他早年艰难困苦的生活磨炼让他不畏繁巨，而支持他的，还有他那份身为君王担负的责任。

有人曾经统计过，在洪武十七年，从九月十四日到二十一日的八天之中，天下各衙门所上奏章达一千一百六十件，所言之事有三千三百九十一件。以每件奏章一千字计，也要有一百一十六万字，这样算下来，他平均每天要批阅二十余万字，处理四百二十三件事。此外，朱元璋还要每天上朝接受面奏，接见各地来京上告的耆民，处理百姓击登闻鼓直接告状的事，定期接见朝觐的官员，可以说是日理万机。

朱元璋曾说：我自即位以来，经常以勤奋努力勉励自己，事必躬亲，尽心尽责啊！当天没亮的时候就临朝，太阳偏西才回宫；夜里想着天下大事，没睡一个安稳觉，有时看到天上的一颗星星位置不对，都会想到也许是百姓有事需要办，等天亮了再一件一件地安排下去。

朱元璋一心操劳国事，有时就是吃饭都会突然停下来，只要想起一事，就会用笔马上记下来，用纸条贴在身上，所以他穿的衣裳往往贴满了条子，就好像浑身长了羽毛一样。而且在他的后宫和殿堂的墙上，也都贴满了条子，等他把事情办完后才会取下。

朱元璋就是这样不知疲倦地工作，担负着“人君”的责任，只有这样，才能明天下事，做一个明君，才不致被庸才昏官给误导，正如他所说：“人君日理万机，怠心一生，则庶务壅滞，民无所赖，贻患不可胜言。”最重要的是“天命去留，人心向背，皆决于此，甚可畏也。安敢安逸！”

从这里，就能看出朱元璋的追求与志向，他以救民自任，以圣人自期：“凡事，勤则成，怠则废；思则通，昏则滞。故善持其志者不为昏怠所乘，是以业日广，德日进。”他认为，常人与圣人的区别在于勤奋和思虑。

作为一个领导者，只有自己亲力亲为，在第一线练就一番真本领，才能带着队伍做出真正的大事业。

原文

保富于民，非专为民计也。水旱戎役，非财不可长民者。保富有素，遇需则之时，恳恻劝谕，必能捐财给匮。虽吝于财者，亦感奋从公，而事无不济矣。且富人者，贫人之所仰给也。邑有富户，凡自食其力者，皆可藉（借）以资生。至富者贫，而贫者益无以为养，有公事必多梗治之患。故估富是为治要道。（《学治臆说》）

译文

把财富藏在百姓当中，并不只是为老百姓考虑。假如遇到水灾、旱灾或服兵役，没有钱财就无法领导百姓。平时保护富人，遇到需要钱财的时候，诚恳地讲明道理，富人们一定会捐出钱物，提供短缺的物资。即使对钱财吝啬的人，也会受到感染而以公事为重，这样事情就没有办不成的。况且富人是穷人的依赖。地方上有富裕的人家，凡是自食其力的人，都可以借此生存。如果到了富有的人变得贫穷了，那贫穷的人就更加没有生活保障了，一旦遇到公事，一定会有很多阻碍治理的忧患。所以保护富人是治理政事的重要原则。

解读

富人是社会的主要力量，要学会用富人，当然要在法律范围之内行事。给富人以更好的政策，因为有很多穷人就依附于富人，这样就会产生连带的好处。当国家处于危难之时，自会全民团结。现在的为官者应该深思此事，做好国家、富人和穷人之间的平衡。

案例

烧宝而贺

藏富于民好呢，是藏富于国好？这个问题在中国古代就引起了探讨。如何处理国家和百姓的财富分配，往往决定了那个国家的强弱，反映了那个时代的盛与衰。

真正的明君都会明白这个道理：国家的力量在于民众，百姓富了，国家才能真正强大。

在春秋战国时代，晋平公掌权的时候，有一天，国库藏宝的地方着火了，看到这个情形，当时所有的士大夫们都赶着车驾着马去救火，这火一连烧了三天三夜，最后才将火扑灭了。只有晏子穿得整整齐齐，戴上头巾去给国君道喜，说："恭喜君上啊！这火烧得好啊！非常好啊！"

晋平公听到之后，勃然大怒，拍案而起，跟他说："珠宝之所以收藏在那儿，是因为那是国家最重要的珍宝啊。可是天降大火，所有的士大夫们都驾车去救火，只有你抱一束丝绸来祝贺，今天你能说出原因来就让你活，说不出理由就是死罪！"

只见晏子不慌不忙地回答："怎么敢说没有原因呢？臣听说王上的宝藏在全天下，诸侯的宝藏在百姓中，而商人的宝藏在箱子里。如今您去看看外边的老百姓，衣不蔽体食不果腹，饿得面黄肌瘦，赋税徭役无休无止，苛捐杂税却接连不断！大王，就是因为您将老百姓的财富都收藏起来，藏在台阁之中，所以天才降大火烧之。

"而且臣之前还听说，以前残暴的桀危害海内，在全国实行残酷的统治，无节制征收赋税，百姓苦不堪言，因此汤把他诛灭了，桀成为被天下人耻笑的对象。如今上苍将您的藏宝台烧掉，是大王您的福气啊，如果您还没有去领悟这个道理，还不知道警觉、醒悟的话，那恐怕会被其他国君耻笑啊！"

晋平公恍然大悟："好的！从现在开始，我将会将财富藏在百姓之中。"

在初唐时期，唐太宗的身边也聚集着一大批清明宽厚的政治家，当时有一位名臣名叫马周，他专门上书唐太宗，指出只有"广施德化，使恩有余地，为子孙立万代之基”。就是说要帮助老百姓自力更生，让他们不受战乱之苦，摆脱贫困，安居乐业，恩泽百姓，才能让天下万民“爱之如父母，仰之如日月，敬之如神明，畏之如雷霆”，社稷才能稳如泰山。

唐太宗采纳了他的意见，所以，唐朝大幅度减税让利，休养生息，藏富于民，开创大唐盛世。

原文

朱子曰:“天下之事，有急缓之势；朝廷之政，有急缓之宜。当缓而急，则繁细苛察，无以存大体，而朝廷之气，为之不舒；当急则缓，则怠惰废弛，无以赴事几，而天下之事，日入于坏。然愚以为当缓而急，其害固不为小；若当急而反缓，则其害有不可胜言者，不可以不察也。”(《牧鉴》)

译文

朱子说:“天下的事，有急缓不同的态势；朝廷的政事，也应当有急缓的不同。应当缓的却急于处理，就会繁杂，把烦琐苛刻认为是明察，不能顾全大局，朝廷的气运会因此而不舒畅；应当急的却处理迟缓，就会懈怠废弛，不能投身于事体当中，天下的事就一天天走向败坏。但是我认为应当缓的却急于处理，那危害固然不小；如果应当急的却处理迟缓，那危害是不能用语言说完的，这一点不可不明察。”

解读

官员一般都处在纷繁复杂的事务中，如果没有轻重缓急的区分，就会处处受制，要学会在不断地为官经验积累中，抓住重点，找到办事的合适时机。为官要像弹钢琴一样，要在各键的和谐配合中，才能弹出美妙的乐曲。

案例

赵匡胤夜访赵普灭南唐

天下的事，总是有个轻重缓急，做事就要科学地安排，要事第一，先抓住牛鼻子，然后依照轻重缓急逐步执行，一串串、一层层地把所有的事情排列起来，条理清晰，成效才会显著。凡事都有本与末、轻与重的区别，千万不能做本末倒置、轻重颠倒的事情。

赵匡胤在位期间，致力于统一全国。但是当时南北共有八个小王朝，制定什么样的统一战略就显得非常重要。

宋太祖自从收回了亲信大将的兵权之后，便打算出兵扫平各个割据政权，统一国家。当时遗留下来的小国北有北汉，南有南唐、吴越、后蜀、南汉等。究竟先从哪里下手呢？宋太祖始终拿不定主意，于是，他就想去找宰相赵普商量。

太祖初上位，经常微服私访功臣之家，所以很多臣子在家中都不敢脱朝服，宰相赵普也是如此，有一天下着大雪，地上白茫茫一片，赵普以为皇上恐怕不会再来了吧。于是他便脱去官服，与妻子围坐在火炉旁边，烤火谈心。

突然，响起了敲门声，赵普赶忙出来，看见宋太祖披着一件斗篷站在雪地里。赵普大吃一惊，慌忙叩拜迎接。

太祖说："我心里头有件事，总是决定不下来，茶饭不思，想同你商量商量。"

赵普的妻子赶紧下厨烫酒炖肉，款待皇上。三杯酒落肚，宋太祖与赵普无话不谈。太祖与赵普谈起了统一战略。宋太祖跟他说："我想出兵太原，先攻打北汉，你看如何？"

赵普明知是皇上要试探他，可是他又不能不如实呈上对策，于是缓缓说："臣以为不妥。"又接着呈述理由说："皇上您想，太原一城阻挡西北两面，如果我们攻下太原，势必要面临独挡辽国对大宋的威胁，倒不如先攻取南方小国，回过头来再灭北汉，夺取太原这样的弹丸之地，轻而易举啊！"

太祖笑道："我的想法正是这样，只是试探一下你罢了。"沉吟了一会儿又说："我也是想先南后北扫平这几个小国，刚才只不过是试探一下，听听你的见解罢了。"

当时南唐在五代十国中也算是个比较大的独立王国，管辖着大片土地。良田沃土，经济发达。可是南唐除了开国君主李璟有所作为外，后面的两个皇帝花天酒地，都不擅治国。而其他的小国也没什么作为。于是，赵匡胤与赵普就根据天下局势的轻重缓急，先后灭亡荆南、湖南、后蜀、南汉及南唐等南方割据政权，然后复灭亡吴越、闽南及北汉后，完成天下一统。

原文

宜因时地为治。有才有识可善治矣，然才资练达，识资明通。遇有彼此殊尚，今昔异势者，尤须相时因地筹其所宜。若自恃才识有余，独行其是，终亦不能为治。(《学治续说》)

译文

当官理政应当因地进行治理。官员有才能、有见识可以很好地施政治理，但是才能贵在阅历多，通晓人情世故；见识贵在知识精明渊博。遇到事件彼此隔得很远，情势前后不同，尤其应该察看时机，根据环境谋划最合适的处置方案。如果自以为才识有余，只按照自己认为正确的一套去办，最终难以把事情办好。

解读

一个国家是一个大的集合，其中每个地方都有每个地方的特点。官员在异地而治时，就要考虑好当地的情况，不能再按以前的许多旧制来治理此地。这也要求官员首先要虑心，搞好调查研究，为因地而治做好准备。

案例

西门豹治邺

管理一个地区，就必须有因地制宜，实事求是的观念，只有这样，才能解决实际的问题。

在战国时期，魏国的西门豹任邺县令，当他刚到邺城的时候，看到当地人烟稀少，田地荒芜，百业萧条，一片冷清，百姓的生活非常清苦。

于是西门豹打算去民间实地调研，调查研究找到原因再出对策。原来当时魏国邺郡经常遭遇洪灾，所以，当地的巫师就联合官员一起，借为河伯娶妻，来榨取民财，地方恶霸势力猖獗。

西门豹通过调查之后，胸有成竹，却不动声色，决定采用“以子之矛攻子之盾”和“请君入瓮”的斗争策略与智慧。他发布公告，说他自己要亲自为河伯举行婚礼。

到了“为河伯娶妇”那天，“三老、官属、豪长者、里父老皆会，以人民往观者三二千人”当地的人差不多都到了。那个老巫师带着十多个盛装弟子来了。由西门豹亲自主持为河伯娶妇仪式。

首先，西门豹去看了一下那个即将献给河伯的女子，然后回头跟巫师说：“这个女子长得不好看，还烦请大巫师去河中禀报河伯，就说过几天我为他选一个更好的女子。”然后，不容分说就将河伯丢进了河中，过了一会儿，他见没什么动静，于是叫了一个巫师的弟子过来说：“你去看看你师父，怎么还没有回来？”于是将弟子投入了河中。没过多久，一连丢了三个弟子进去。西门豹说：“巫婆、弟子，这些都是女人，不能把事情禀报清楚。请三老替我去说明情况。”又把三老抛到河中。然后又恭恭敬敬地等了很久。长老、廷掾等在旁边看着都感到惊慌害怕。西门豹说：“巫婆、三老都不回来，怎么办？”想再派一个廷掾或者豪长到河里去催他们。这些人都吓得在地上叩头，而且把头都叩破了，额头上的血流了一地，脸色像死灰一样。西门豹却说得煞有介事，做得似也虔诚至极。

西门豹治理政务就是追问其故，调研之认真深入，不是随便做做样子。达到了杀鸡儆猴的目的，“邺吏民大惊恐，从是以后，不敢复言为河伯娶妇。”让“三老、巫祝”等一帮谋财害命之徒自投罗网，禁止巫风，教育了广大的百姓。西门豹充分显示了作为一个地方官吏的“干吏”之能，同时也表现了他决意为民除害的大智大勇。

原文

当官处事，但务着实。如涂擦文书，追改日月，重易押字，万一败露，得罪反重，亦非所以养诚心事君不欺之道也。百种奸伪，不如一实；反覆变诈，不如慎始；防人疑众，不如自慎；智数周密，不如省事。不易之道，事有当死不死，其诟有甚于死者，后亦未免得安。世人至此，多惑乱失常，皆不知轻重义之分也。此理非平居熟讲，临事必不能自立，不可不预思。（《官箴》）

译文

做官处事，一定要务实。比如私自改动公文、变更日期、偷换签字这些事，万一败露，获罪很重，也不是修养诚心、忠心事君的正道。千百种伪诈，不如一种实在；后来反复巧变诡诈，不如谨慎的开始；对别人防范怀疑，不如自己谨慎从事；心计周密，不如清心省事。不变之道，做的事罪该当死但没有死，那受到的诟病比死还难以承受，最后也免不了死；该免除官职但没有免除，那招来的灾祸比免除官职还严重，最后也不一定安稳。世人到了这个地步，大多迷惑失常，都是不明白轻义和重义的区别。这个道理不是平时多次地讲，遇到事情时一定不能自己拿定主意，不能不预先进行思考。

解读

当官者需要的才能很多，但归根结底，要以务实为根底。如果不务实，只是满口说得很好，却不踏踏实实地去做，那事情最终就不会得到解决。所以，当官一定要以务实为本，然后再去讲方式方法。

案例

雍正务实不务虚

为官者忌浮夸事实，只有实事求是才能通过上级检核和赏识，如果为了政绩一味掩饰实情，于百姓无益，于国家不利，最终害人害己。

清朝皇帝雍正一生用务实治理天下，他登基不久后就对颓废之风进行了改革，他在朝堂之上直截了当地告诉文武百官："朕平生最憎恨虚诈，最恶虚名。"一憎一恶鲜明地表达了他对虚伪欺诈腐败之风的改变决心。

雍正是一个勤政爱民的皇帝，他每天都要批阅大量的奏折，常常挑灯批阅到深夜，批阅的奏折少则一二十件，多则三四十件。雍正还是一个十分认真的人，对待奏折他从不马虎，有时他的批语比奏折本身还要多。

不知道从何时起，清朝新上任的官员都会奏明当地如何民不聊生，贪污腐败，等过一段时间之后，又会向朝廷奏明：通过自己的整治，百姓安居乐业。雍正每每看到此就会在奏折上愤怒地批阅：只可信一半。

对于那些官员的行为他深恶痛绝，但是仍然有不少地方官员陋习难改，结果往往遭到雍正的严厉批评。雍正二年，河南巡抚石文焯奏报说："全省各州县的蝗虫灾害已差不多扑灭。"处事实在的雍正不喜欢听从一面之词，通过反复查核，河南的其他官员都说石文焯的奏报不是实情，了解实情的雍正于是召石文焯觐见，说："如果不是你在欺骗皇上，就是你本人被下属欺骗了。"言下之意是石文焯欺瞒皇上。

可是石文焯江山易改本性难移，他调任甘肃巡抚之后，雍正四年的夏天，甘肃大旱，七月下了一场小雨。借着这场小雨，石文焯故技重演，赶紧奏报说："百姓已是丰收在望，这是皇上爱民的结果。"本想拍皇上的马屁，哪知道务实不务虚的雍正看后很气愤，挥笔批道："经过春夏大旱，怎么还会丰收在望，如此粉饰朕实在厌烦。"

雍正一眼就可以看出谁在说真话，谁在拍马屁，对拍马屁的人总是很不客气。他还曾语重心长地对一些官员说："朕就是有神仙一样的本事，也不抵不过你们这些大臣的虚报，内外百官们一定要实实在在地向我奏报，千万不要隐瞒实情。"

后来甘陕总督将几个省区干旱的情况如实上报，雍正不断没有责罚他没有作为，反而夸奖他说："凡地方事情，如实上报，不加丝毫掩饰方和朕意，望内外达成办事只讲一个'真'字。"

有一个敢讲真话的不怕死也不怕降职的人，名叫李元直，是个御史。有一次，他在一件奏折中直言不讳地说："如今一些大臣为保全官位一味迎合，皇上认为可以，没有人敢说不可以，皇上如果认为不可以没有一个人敢说可以。这种陋习在中央各部衙门随处可见。"讲这种大实话的人固然要有胆量，但听这种话的人更需要胸怀。通过这件事，雍正对李非常欣赏，认为李说中了要害，随后召见李面谈，还赏赐荔枝作为鼓励。由此可以看出雍正对说实话的人的赞赏。

雍正不仅勤政还是一个务实不务虚的君王，以国家、百姓利益为出发点，功在千秋，利在当代，为后世人所称道。

不谎报，不瞒报，务实不务虚，及时抓住事情要害并解决，这样才不会误国误民。脚踏实地为百姓做好事，清清白白做官场之人，上不愧于国家社稷，下不愧于黎民百姓，此乃为官上上策。

事上卷

第四

原文

大哉！忠之为用也。施之于迩，则可以保家邦；施之于远，则可以极天地。故明王为国，必先辨忠。君子之言，忠而不佞；小人之言，佞而似忠，而非，闻之者鲜不惑矣。夫忠而能仁，则国德彰；忠而能知，则国政举；忠而能勇，则国难清。故虽有其能，必由忠而成也。仁而不忠，则私其恩；知而不忠，则文其诈；勇而不忠，则易其乱。是虽有其能，以不忠而败也。此三者不可不辨也。(《忠经》)

译文

忠的作用太大了啊！用在近处，可以保家安邦；用在远处，可以扶正天地之气。所以贤明的君主治理国家，必须首先辨别忠奸。君子的话，充满忠心而不奸巧；小人的话，奸巧却貌似忠心，但其实不然，听到他的话的人没有不受迷惑的。臣子忠心而且又仁义，国家的美德就能彰显；臣子忠心而且又有智慧，国家的政事就会通达；臣子忠心而且又勇敢，国家的灾难就会平息。所以虽然一个人有能力，但必须以忠作为基础才能成就大事。仁义而不忠心，就会把百姓对君主的感恩据为己有；有智慧但没有忠心，就会用他的聪明伶俐粉饰他的奸诈；勇敢而没有忠心，就会轻易地引起祸乱。这就是虽然有能力，但因为没有忠心而坏了大事。这三种情形切不可不加以辨别。

解读

对中国古代大臣的要求，首要的就是要“忠”，而这个忠首要的就是要忠君。对于现在来说，这些可能不太适用，因为这样容易形成小宗派，家族氏管理。那现在就要讲忠的内核，即忠是一种信仰，比如现在要讲忠于祖国，忠于工作等。

案例

文天祥国难见忠诚

自古良将易得，忠臣难谋，做大事者离不开一群誓死效忠跟随的人，没有一颗忠心再多的才华、再好的贤德也会遭人鄙夷。

南宋杰出民族英雄文天祥，他自小受父亲影响，博览群书，仰慕英雄。文天祥高中状元，为官上任时蒙古大军南下攻打南宋。南宋右丞相贾似道独揽大权，国势日衰。为官十几年，文天祥信而被，忠而被谤。最后因为遭到贾似道设计陷害而解甲归田。隐居文山后，文天祥虽然寄情山水，吟诗作赋，远离官场是非，但他一腔忠君爱国的节气不曾改变。

元忽必烈登基后，水陆并进，向南宋发起进攻，直取临安。文天祥闻讯后变卖所有家产，招兵买马，从此开始了捍卫南宋的戎马征途。

元军虽然势如破竹，但南宋朝廷投降派对文天祥的阻挠更可怕，还有一些将领消极抗战，丞相出逃，皇族求和。这一切使文天祥更加阻力重重。

弱国无外交，德佑二年，文天祥被右丞相派出议和。在谈判中，文天祥不惧严刑拷打，誓死不从。他痛斥元军，言辞在元军中掀起波澜，最后文天祥被元军关押不能回国。在关押的时候文天祥隐忍以存，后来竭力逃脱元军的羁押。在逃脱的过程中，文天祥历经千难万险最终辗转到达温州。

而此时的南宋朝廷已经投降，陆秀夫等拥立七岁的赵端宗即位。文天祥随后率军在江西、广东等地誓死抵抗元军，元军集结主力南下进攻江西，文天祥寡不敌众，退回广东，路途中被南宋叛将张弘范抓获。二次被抓，即使元朝百般威逼利诱，文天祥至死不降，并在狱中写下一句流传千古的话“人生自古谁无死，留取丹心照汗青”。

文天祥被抓后，陆秀夫、张世杰宁死不屈，最终投海。悲痛欲绝的文天祥，唯有孤臣两泪垂，冥冥不敢向人啼。被囚禁的三年中，元军采取各种方法诱惑他投降，但文天祥不为所动，甚至面对同僚、亡国之君、亲人的游说他也不改其志。

行刑当天，万余市民纷纷聚集在街道和刑场，为他设祭送行。待登上了刑台，他问哪是南方，随即向南方三拜，从容地说："我报国到此了！"年仅47岁。

文天祥能始终坚守正气，抗击外侮，知其不可为而为之，法天不息，他所捍卫的是中华民族在危难中不屈不挠的忠心、正义精神。

原文

子曰之:“事君先资其言，拜自献其身，以成其信。是故君有责于其臣，臣有死于其言，故其受禄不诬，其受罪益寡。”(《礼记》)

译文

孔子曾经说过:“侍奉君主必须首先对自己的意见主张再三斟酌，然后再亲自拜见君主进行陈述，以确保自己的意见主张确实可信。假如臣子受到君主的责备，臣子要冒死坚持自己的主张。所以这样的臣子不会欺骗君主冒领俸禄，遭到的灾祸也是很少的。”

解读

官员只要觉得自己的意见是正确的，就要坚持，不管君主是不是乐意听，这是一种正义，如果只是按着君主的意思去想，去做事，就失去了做一个臣子的根本。

案例

坚持真理的孔穿

中国自古就有“事实胜于雄辩”之说，真理是任何诡辩都掩盖不了的。人云亦云的人很多，但坚信事实，不因强权所改变的人很少。为官者应该为国家提出建设性意见，并坚持己见，这样的人才是为国家百姓造福。

鲁国孔穿来到赵国，与赵国公孙龙辩论“奴隶有三只耳朵”是否是事实。公孙龙认为这个假设成立，孔穿听后，什么话都没说就走了。

第二天，孔穿拜见平原君，平原君问他：“昨天公孙龙的辩论很精彩，也令人信服，先生认为怎么样？”

孔穿回答道：“公孙龙说一个奴婢生出三只耳朵，听起来似乎成立，事实是不可能的。说一个奴婢只有两只耳朵，我不需要华丽的辞藻去辩解，这是明显的事实，您是怎么看的？”

第二天，平原君拜访公孙龙说：“您与孔穿辩论的事我都知道了，事实胜于雄辩，再辩解下去您还是理屈词穷的。”

齐国邹衍途经赵国，平原君邀请他和公孙龙就“白马非马”做辩解。没想到邹衍说：“我不和他辩论，事实是什么就是什么，假如只是用繁杂华丽的文字来混淆视听，把人们的思维引入歧途，那根本不能正确认识事物。言辞烦琐，强词夺理的辩论我不愿参与。”

通过这两则故事可以看出来，再美丽的辞藻，再华丽的文章，如果本质是错误的，一切只不过是强制使人屈服的工具。强制说服不符合事实的东西，无论如何也不会使人信服，反而会使人觉得您顽固不化。事实胜于雄辩，一个有正义感、明辨是非的人事不会相信那些与事实不符的华丽辞藻的。忠言虽然逆耳，但往往是对的，明智者当纳忠言，方能成大事。

原文

孟子曰:“居下位而不获于上，民不可得而治也。获于上有道，不信于友，弗获于上矣。信于友有道，事亲弗悦，弗信于友矣。悦亲有道，反身不诚，不悦于亲矣。诚身有道，不明乎善，不诚其身矣。”(《孟子》)

译文

孟子说:“担任下级官员但得不到上司的信任，是不可能治理民众的。得到上司的信任有一定的方法，得不到朋友的信任，便得不到上司的信任。得到朋友的信任有一定的方法，侍奉父母却不能让父母高兴，便得不到朋友的信任。让父母高兴有一定的方法，反省自己言行时不能做到诚心诚意，便得不到父母的欢心了。做到诚心诚意有一定的方法，不能明白什么是善，也就不能做到诚心诚意了。”

解读

要想得到君主的信任，就要做到诚心诚意，而诚心诚意从何而来，从日常生活的习惯中来，在家里要对父母诚心诚意，在外边要对朋友诚心诚意，这样的习惯养成后，自然就会对君主诚心诚意，也就会得到君主的赏识和提拔。

案例

雍正提拔李巡抚

真诚的人无论做什么都诚心诚意，和真诚的人交往，不用费尽心思去猜想考虑他的用意，只需就事论事。为官者对待君主就该诚心诚意，不妄言，不作假，即使受到惩处也要诚心表明自己的立场，这样的人最终还是会得到重用。

清朝“冷面皇帝”雍正聪明过人，而且手腕非常强硬，非常重视有能力的官吏，能力过人的官吏往往会得到他的重用。还经常对官吏进行考核，不务正业的官吏都会受到惩罚，对待那些因为事情耽误了正事的官吏，雍正向来是严惩不贷、绝不手软。有个李巡抚，他本是行伍出身，因为为朝廷立下汗马功劳，被雍正调任为巡抚。有一天，雍正正在看奏折，看到了一个监察官弹劾李姓巡抚的奏章，奏折中写道：李巡抚政务疏漏，沉湎于戏。看到这个，雍正顿时火冒三丈，心想，他特别调任的人居然会犯这种错误。随即下令，要李巡抚表明他因看戏疏漏政务的情况。

这个李巡抚其实就是一个十足的戏迷，他对看戏非常着迷是没错，但他的政务是绝对没有荒废。但令已经下来了，怎么向皇上交代，才是现在面临的大问题。该怎么禀明理由呢？李巡抚紧急召集幕僚们来商量此事，幕僚们也找不到什么理由搪塞过去。有的幕僚说皇上反正没有凭据，一口咬定没有沉迷看戏；还有幕僚说，看戏是为了教化百姓，与民同乐。经过讨论，李巡抚听了这些意见，觉得没有一个行得通，力争辩解也不是办法。李巡抚很了解雍正皇帝的特点，就如实相报，他说：“这些小把戏是骗不了皇上的，皇上是个明君，还是如实汇报，是什么就是什么，狡辩也没用。我是行伍出身，读书识字不多，不懂礼节，只有通过看戏，才能从历史人物的身上学到东西，才能学习礼节。看戏还可以明辨是非，辨别好坏，引以为戒。再说这么久以来，我也没有因为看戏而耽误政务。”

李巡抚就按所想的理好奏章，呈交皇上，并在奏章中诚心许诺以后不再沉迷看戏。雍正看了他的奏章，奏章中所述属实，思虑片刻，觉得李巡抚是个诚心诚意的人，对他的为人非常满意，认为他是个很诚实的官，在奏章中亲笔批准他以后仍可看戏，只是嘱咐他不要因此而影响公事。

李巡抚坦诚的态度赢得了雍正的再次重用。在官场光圆滑不行，光老实也不行，但不管面对什么事，一心向诚，一切皆可云开月明。

原文

上司度量不同，断不容属员之欺慢，才具不同，断不喜属员之浮华。我以敬慎将事而不存虚假之心，以本色相孚而不涉取巧之迹，初或未能浃治，久则必能感通。即或遇高华之上司，未必便为许可，然根底结实，众论翕然，终不能提瑕而弃之也。(《牧令书辑要》)

译文

上司的度量有大有小，但都不能容忍下属的欺骗、轻慢；上司的才干有大有小，但都不喜欢下属的浮华。我用恭敬谨慎的态度处理事务而不弄虚作假，用真实面貌争取信任而不投机取巧，开始时或许未能融洽，久而久之则必定能互相了解。即使碰到一些不一定赞成这种态度的清贵上司，得不到好评，但是由于我态度端正、工作扎实，舆论都认为有可取之处，那么他也不能仅据一点小毛病便罢免我。

解读

对上司或君主一定要尊敬，做事情一定要认真，不能搞虚假的一套，这样或许开始得不到上司的喜欢，但是长久以后必见其真心。首先表现轻浮，工作不努力是肯定得不到上司喜欢的，所以还是要先立足于工作，然后做好态度。

案例

尽忠职守的陈平

任何人都不会喜欢与欺瞒、轻慢自己的人在一起共事，作为下属，对待上级更要尊敬、真诚。

自从吕氏家族被诛除后，大臣们拥立仁孝宽厚的代王刘恒为帝。刘恒登基后丞相陈平借病辞职，文帝是一个惜才的君主，未批准陈平的请辞，并询问其请辞原因。陈平说："高皇帝时，我的功劳多余周勃，但在诛灭吕氏家族中，周勃的功劳则多余我，于情于理我应该让贤于他。"听了陈平的话，文帝觉得在理，于是改任陈平为左丞相，周勃为右丞相。

有一次在朝堂上，文帝问右丞相周勃："我大汉朝一年大概判处多少案件？"周勃一时语塞，说不知情。文帝又问周勃："国库一年收入钱粮约多少？"周勃神色惶恐惭愧，大汗淋漓，又不知如何作答。

于是文帝转问左丞相陈平，陈平神情自若，说："全国各部各有主管官吏负责，陛下可召他们前来询问。"文帝问："那主管官吏是谁？"陈平坦然说："陛下判案可问廷尉，钱粮可问治粟内史。"文帝说："既然各有主管官吏，那您主管什么？"陈平说："陛下不弃我平庸无能，令我担任宰相，受宠若惊。宰相的职位是：对上辅佐天子，调理阴阳，顺应四时；对下顺从万物需要；对外镇抚四方部族首领；对内使百姓安定亲附，使百官都能恪尽职守。"听了陈平的一番话，文帝大赞陈平说得很好。

而右丞相周勃觉得十分惭愧，当下退朝后，找到陈平，埋怨陈平说："您平时为何不教我如何回答。"陈平笑说："假如陛下问长安城有多少盗贼，难道您也要勉强回答吗？再说，您身居相位，难道会不知丞相职责？我们为人臣子对上不欺君，并且对于本职工作要了如指掌，这样才能尽忠职守。"

与陈平的一番谈话，周勃才认识到自己见解才能不如陈平。后来周勃请辞，文帝允许，从此左丞相陈平独居相位。

陈平的确做到了退位让贤且心如止水，不浮华，对于文帝他尽忠职守，最终也成就了自己。

为人臣子尽忠职守是本分，尊敬上级，并为上级分担解忧，长此下去得到重用指日可待。

原文

服官之义，惟上所使。上官以公事见委，艰苦皆不可辞。使我以私，必当自远。不特私事也，名为公事，而行私意于其间，一有迎合，便失本心，为之愈熟，委之俞坚，其势必至丧栓骫法。此当于受知之初，矢以朴诚，不知有私，惟知有公。上官以为不达权宜，便是立身高处。（《学治臆说》）

译文

当官之人理应做到按上司指示办事。上司交办的公事，不论多么艰苦都不能推辞。如果派我去为他干私事，就一定要谢绝。不仅仅是私事，就是那些名为公事，实际上包含有上司私意的事，也要一概谢绝。如果自己一有迎合的思想，便失去了本来的意愿，干这样的事越熟练，上司委托得越坚决，发展下去，必然丧失操守，歪曲、破坏法律。为了不至于随落到这一步，应当在受到上司知遇之时，就发誓以质朴、忠诚为自己做官的准则，不知有私，只知有公。如果上司认为这是不知变通，那便已处于极好的地位。

解读

对上司交办的事要分清公和私，这个在现在也要注意。为官之人做事是为了国家、为了人民，不能在与上司的交往中，成为上司的一个家奴，这是因为中国古代是讲家国同构的，但是在现代一定要加以区分，保持做事的公私区分，这样才是为官正道。

案例

海瑞怒打胡安

当官之人，和上司打交道是一门学问，有时要处理上司的公私之事，处理得当还好，若处理得不好，那就会损害与上司之间的关系。

明朝的海瑞是中国古代著名的廉吏。一生清廉，对上司也公私分明，绝不逢迎拍马。有一次，闽浙总督胡宗宪的公子胡安出外游玩，他经过的地方，几乎所有的地方官员都鞍前马后的盛情款待，并相送厚礼，希望能够巴结到胡安，在其父面前美言，以求得到高升的机会。

有一天，胡安的大驾来到了淳安，当时他下榻驿站，跟里面的驿臣讲明了自己的身份之后，竟然没有得到驿吏的格外款待，只是按照普通的“法定标准”进行了接待，胡公子勃然大怒，于是安排随身的侍从将驿吏吊起来暴打了一顿。

这事传到了当时任淳安县令的海瑞耳中，他赶紧去了驿站，仔细了解了事实之后，不畏强权，直接对胡安进行了一番痛骂：“从前胡总督亲自来本县巡察，当时就指示我们地方官不能铺张浪费，今天看到你带着如此多辎重，而且随从众多，前呼后应，派头十足，我想不可能是真正的胡公子出游，我猜你一定是冒充胡公子在外边招摇撞骗，故意败坏胡总督的清明名声”！于是下令罚银三千两上缴国库，并且责打五十大板。

看到这样的结果，胡安感到非常不服气，于是在朝堂之上高声叫嚣道:“我爹是总督，你们打我试试看！”海瑞严厉地呵斥道:“你如今暴打驿吏，已经是犯了国法，损了朝廷的颜面，本来就应该严惩，就算是真正是胡总督之子，但是你却在这儿败坏你父亲的名声，更应得到惩处一番！”

在处罚他之后，海瑞亲自给胡宗宪写信说明事情的真相，并派专人将胡安押回了胡府。胡宗宪看完来信之后，觉得海瑞的处理非常正确，公私分明，没有丧失操守，歪曲、破坏法律，这是为官之道，他对海瑞不仅仅没有怪罪，反而非常的敬佩，并回信深表谢意，然后将儿子胡安进行了严格的家法惩治。后来，海瑞成了胡府的坐上宾。

胡宗宪算是一代清官，没有包庇自己的儿子，海瑞也没有因私巴结上司而免除胡安的处罚，他们两人的行为可以说都做到了公私分明。

原文

上司待坐时，虽极谦抑，假之词色，切不可因而豪放，即抵掌论事、倾怀论人，上司虽不言，已窃异其为轻躁矣。又应对时，凡事体有不知，不可强辩，有差误不可遮饰，上人自能见谅，若凿空凑合，取便一时，久久为人识破，不值一文。戒之。(《政学录》)

译文

上司接见、款待时，虽然谦逊和蔼，但下属切不可因此豪放起来，就此击掌论事，尽情议论时人，上司虽然不会说什么，但已暗暗认为此人轻浮了。另外，在回答上司问题时，凡是自己不知道的事，不可强辩，有了差误也不可巧言遮掩，上司自然能谅解；如果凭空立论，勉强凑合，当时能解决问题，时间过久之后被人识破，便一文不值。切切记住。

解读

和上司相处时，一定要注意礼节，不要和上司因语言相合，就轻浮起来了，和上司称兄道弟，形成一个小圈子，这样就会偏离为公的决心，成为一个只为私的利益集团，再者也会被上司看透，不会成为上司的贴心人。

案例

丁谓溜须拍马

上司需要什么样的下属呢？溜须拍马的还是正直能干的，这往往和上司的个人修养有关，但是真正有所作为的上司一定喜欢正直能干的下属，那些虚有其表的人是没有市场的，终究不会被信任，难以成为真正的心腹之人，不会委之以大任。

宋朝时期，丞相寇准为官忠烈，为人正直，既不附炎趋势，又不挟私欺下，是历史上的一代名相。

宋真宗时，寇准当上了当朝丞相，当时丁谓做参知政事。寇准经常在皇上面前称赞丁谓说“丁谓是个很有才干的人”。当时就有其他的大臣跟寇准说：“这个丁谓可不是什么好人啊，您最好远离他。”当时寇准却很坦率地回答说：“假如从能力的角度来考量人的话，可以说没有什么人可以和丁谓相比了。”丁谓知道之后，觉得得到了寇准的称赞，是一件非常骄傲的事，他就千方百计地想法子去讨好寇准。

有一次，所有的大臣们都在朝中宴会，当时丁谓就坐在寇准的身边，他看到寇准在喝汤的时候，一不小心将汤汁沾在了胡须上。这时丁谓就觉得献媚的机会来了，赶紧凑了过去，替寇准擦掉了汤汁，当时寇准毫不领情地说：“作为一个参政的国之大臣，竟然会去为长官擦胡须吗？”

寇准的这一句话，让丁谓在众大臣的面前羞得满脸通红。从此丁谓记恨在心，把寇准当作仇人，一心要找机会报复，洗刷耻辱。

机会还真来了，宋真宗有一次患病不能上朝，丁谓于是就串通内侍，搭建自己的小集团。诬告寇准阴谋拥立太子，把寇准贬出京城，去相州做知府。寇准临走时大喊：“丁谓，你这样的小人也不会长久的。”丁谓听了之后觉得很不放心，于是又秘奏皇帝说应该把寇准定罪，陷害了许多正直的大臣。于是寇准被贬为雷州司户参军。当时，老百姓曾编成顺口溜：“欲得天下宁，须拔眼前丁。欲得天下好，不如召寇老。”

过了几年之后，丁谓的罪行败露，被贬到崖州，当他经过雷州的时候。寇准不计前嫌，派人送去吃喝礼物。丁谓非常感激，希望能见寇准表示自己的悔谢之意，但是寇准坚决不见丁谓。

和上司打交道就是要注意礼节，不卑不亢，切忌轻浮，拉帮结派，这样的人是不会得到上司重用的。

原文

上司虽有甚不协人心处，我辈若可进言，不妨委曲开导，切不可对人便数其短。此不惟上司知之，于我有损，恐众人欲结上司之欢，且以吾言为奇货。此当第一戒也。(《政学录》)

译文

上司的言行中即使有一些很不合人心，我辈下属如果能进言规劝，不妨委婉开导，切不可在背后数落上司的缺点。如果这样做，不仅上司知道后对我没有什么好处，还怕有些人想巴结上司的欢心，将把我的话当作可居的奇货。这是下属首先要记住的一条。

解读

人切不可在背后议论别人的是非，尤其还是上司。上司如果有不对的地方，可以在公开的场合与上司讨论，如果在背后议论，早晚会被上司知道，这样必然会得到报复的。下属在平时说话时，一定要注意场合，不能什么都说，嘴往往是惹祸的根苗。

案例

祢衡大嘴巴丢性命

在历史上，因为不烂三寸之舌建功立业的大有人在，比如张仪，用几句话骂死人的也大有人在，比如诸葛亮骂死王朗。但是也有人因为一张嘴惹祸，还白白搭上了性命。

在三国时期，有一个大才子叫祢衡，是曹植和杨修的好朋友，在魏国非常有名，二十四岁的时候就才高八斗，他的天赋之高是无须怀疑的，站在一群士子之间，就像是鹤立鸡群。并且有过目不忘，嘴里读过的书，听到的话，都能默记于心，记忆力超群，无人能及。而且还精通音律，能即兴作鼓乐《渔阳》曲，音节美妙，好像金石之声，余音绕梁，三日不绝。

但是这样的大才子也有自己的弱点，那就是嘴巴特别的毒，喜欢骂人，他傲才视物，发誓要骂尽世人，和历史上那个白眼阮籍有得一拼。

而且他还不如准备了一副青白眼处世的阮籍，因为这个祢衡从来不知道这个世上还有谁能够得到他的青眼相加，所以他对谁都是白眼相对。就算是对待他唯一的两位知己孔融和杨修，一样是没遮没拦的。他竟将年长自己二十岁的孔融称为“大儿子”，将杨修称为“小儿子”。

不管是谁，只要被祢衡看见了，那结果就好像是羊落虎口。因为他只要稍微瞥上你一眼，就可以破口开骂了。并且他骂人有时候是不讲道理的，有时候就是因为别人长了个将军肚，他就骂人家是“屠沽儿辈”，让人看到他就退避三舍。

祢衡骂人从来不考虑给对方留面子，因为他根本就没有考虑过自己将承担什么后果，孔融很深爱他的才华，多次向曹操称赞他。曹操也想见他，但祢衡一向看不起、厌恶曹操，就自称狂病，不肯前往，而且对曹操出言不逊。

曹操因此怀恨在心，但因为祢衡的才气和名声，又不想杀他。有一次祢衡穿着普通单衣、缠着普通头巾，手里拿这三尺长的大杖，坐在曹操的大营门口，用大杖捶着地大骂曹操。曹操非常生气，对孔融说：“祢衡这小子，我杀他就像杀只鸟一样。但这个人一向有虚名。”于是派人马把祢衡送走。

后来他到了黄祖的手上，因为在黄祖宴请宾客时，祢衡出言不逊，使黄祖很难堪，就斥责祢衡。祢衡更是仔细地盯着黄祖，骂道：“死老头！”黄祖这个人性情急躁，于是下令把他给杀了。做下属的人在平时说话时，一定要注意场合，不能什么都说，因为嘴往往会惹来祸端。

原文

官场上下相承，分谊攸关，其当尽礼仪，乃衙门体统如此。惟有忠厚以尽事上之礼，直躬而行本职之事，一切升觉显晦非援上者所能致其万一也。且上官所责望于下属，下属所仰承于上宪者，无非期其施行之咸宜耳。顾其中利害相参，是非互异，上官或得之纸上，未必尽悉其曲折。万一见解不符，事机乖错，为下属者忠告以尽其诚，善道以致其礼，上官曰是，彼亦曰是；上官曰非，彼亦曰非。迨其后事势乖违，民怨沸腾，彼则曰此上官之意，非距心所得为也。其居心之险，大非事上之敬。即此一段庸懦卑鄙之态，亦甚失士大夫立心制行之正矩矣。(《牧令书辑要》)

译文

官场上各级官员之间上下管辖，因为关系到名分和情谊，就应当尽量遵守礼制，衙门规矩本来如此。官员只应忠厚地侍奉上司，守正道，搞好本职工作，不论是求取荣升，还是避免贬降，巴结上司的人是得不到什么好处的。况且上司对下属的要求，下属对上司的期望，无非是希望他们的行政措施都能符合实际情况罢了。只是由于处置的事务中有一些是利害相间、是非不同，上司仅仅审理文书，未必能了解事情的所有详情细节。万一上下级见解不同，处置时又未把所握好时机，当下属的人就应当真心诚意地忠告上司，以尽下属的义务，只要上下级能互相信任，自然便可以互相帮助、处理好政事了。为什么萎靡不振、谄谀成风呢？上司说是，他也说是；上司说非，他也说非。等到后来形势变化，事情出了差错，导致民怨沸腾时，他则把责任推得一干二净，说是上司的意见，不是他违心所做得出的。他这种险恶的用心，绝对不是侍奉上司的恭敬之道。就是这种庸懦卑鄙的态度，也大大背离了士大夫树立节操、规范行为的正道。

解读

上司和自己的意见不统一时，应当诚恳提出不同意见，如果最后按上司的意见办的事不成功，受到责难时，不要急于摆脱责任，而要共同承担，只有这样，才是一个合格的下属，如果推得一干二净，那就在官场无法混下去了。

案例

李离引咎自杀

勇于承担责任，应该是为官者必备的一种素质，是一个领导者应有的道德规范。古人云："在其位，谋其政；司其职，负其责。"领导可以说就是责任。当工作出了问题的时候，就需要勇于承担责任，接受应有的处理。就算这错误和过失是下属所犯，领导者也要勇于承担自身的领导责任，绝对不能"一推六二五"，把自己撇得干干净净。

在春秋时期，晋国有一位著名的典狱长官名叫李离，他秉公不阿，执法如山。但是有一次，他在审阅过去审理的一些案件时，发现因为自己错信了下属的调查，误判了一起死刑冤案，他当时感到非常惭愧，马上脱下官袍绶印，让卫兵把自己捆绑起来，送到了晋文公的面前，请求王上将他判处死罪。

晋文公看到之后，觉得这事不需要这么大动干戈，于是慌忙下座为他松绑，对他说："不同的官职有贵贱之分，所以处罚也应该轻重有别啊。再说了，这件案子被误判了也是你的下属弄错了，不能全部怪罪在你的头上啊。"

李离仍旧长跪不起，对王上说："臣下掌握着这生杀大权，也从来没有分一点权力给下属；我拿的俸禄最多，也从没有分给下属一点利。而如今我自己犯了错误，怎么能够将责任全部推给我的下属呢？还是请您判处我死刑吧！"

晋文公听到他如此固执，非常不满地说："那么按你的说法。下属犯罪，责任在于上司，那么这件事的责任是不是应该怪罪到我的头上呢？”

李离回答说：“典狱定有反坐之法，判错刑者便当服刑，杀错人就要负责。大王您因为我能够体察民情，听微决疑，任命我为典狱长官，如今却因为臣下的过失出现了冤杀案，我罪该处死！”说完后，他突然跃起，朝着卫兵手执的宝剑扑了过去，当场死在了堂前。

历史上大凡违背民意、民心的高官，都会引来民愤，最终也会受到民众的抛弃。所以，“责任”两字重千钧，是为官者应当重视的，只有那些如同李离一样视职责如生命，才能时时把老百姓的生命放在心上，才能当一个好官。

与上司相处，就要敢于承担责任，假如一味地逃避，那么也就会被众人所摈弃。

原文

忠臣之事君也，莫先于谏。下能言之，上能听之，则王道光也矣。谏于未形者，上也；谏于已彰者，次也；谏于既行者，下也。违而不谏，则非忠臣。夫谏始于顺辞，中于抗议，终于死节，以成君休，以宁社稷。《书》云："木从绳则正，后从谏则圣。"（《忠经》）

译文

忠臣侍奉君主，最重要的事是谏诤。臣子敢说，君主能接受，那么治理天下的仁义便能昭明盛大。在事情还没有发生时进谏，这是最好的；在问题已经出现时进谏，则要差此；在错误已经产生危害时进谏，则更差。君主所作所为背离正道，臣子不能谏诤，那么他就不能算是忠臣。谏诤时，开始要和颜悦色，委婉劝说，达不到目的，则要厉声直陈，君主依然不听从，则不惜用自己的生命去使君主回心转意。通过谏诤，减少君主的过失，养成君主的美德，使国家和平安宁。《尚书》上说道："木料用墨线画过、加工后才能成为有用之材，君主听从臣子的谏诤后才能成为英明天子。"

解读

关于谏诤的故事在历史上有很多，这也是在古代最被看重的臣子的品格。可以说，这些臣子的结局多是悲惨的，但是作为一个臣子来说，在一些决定国家和人民的大事上，一定不要惜自我之生命，这时的上下关系处理就要以国家和人民为根本，不能做一时之考虑，因为君臣虽有别，但其利益点应该是统一的，那就是为了国家和人民。

案例

千古谏臣关龙逄

一个真正的忠臣，是敢于批评君主的过失的，敢于谏诤，是一个忠臣最重要的品质，因为每一次谏诤都如同“逆鳞”，会让听的人浑身不舒服，如果君主有一丝不满和猜疑，这个臣子马上就可能人头落地。在中国古代君主专制下，臣子的谏诤之路就是如此，战战兢兢，如履薄冰，如临深渊。

对于进谏的臣子来说，只有遇到那从谏如流的英明君主，才是幸运的，但大多数情况下，犯颜直谏的行为往往被视为“大逆不道”，所以常常出现贬官、下狱、杀头甚至灭门的下场。

在上古时代，有一个夏朝大臣关龙逄，为人耿直，刚正不阿，敢于直谏，可以说是历史上第一位彪炳史册的诤臣，被后人誉为“天下第一谏臣”。

当时的桀成为了夏朝的最后一位帝王，他在即位初期，踌躇满志，励精图治，是一个明君，还请人将以往历代圣明君主的画像画下来，用以自勉。但是他统治之后的夏朝一直国泰民安，政权稳固，于是桀开始骄纵起来，失去了警醒之心。开始不理朝事，沉迷于淫乐，当臣下的关龙逄看到这样的情况痛心疾首，他在桀的面前苦苦劝说，希望他励精图治。

但是桀不仅没有幡然悔悟，反而恼羞成怒，斥责他一派胡言，为了对付那些反抗他的人，桀发明了一种酷刑——“炮烙之刑”，在地上摆上烧着炭火的火盆，上面放上涂满油的铜柱，让那些犯人从上面赤脚走过去，只要犯人一失足，就会掉进大火盆中烧死。

关龙逄知道之后进谏说：“人君应当谦恭敬信，关爱人民，所以天下安定、社稷稳固。如今大王您嗜好杀戮，您会失去民心而亡国呀。”听到这样的逆耳忠言，桀闭目塞听，拂袖而去。

有一日，夏桀还邀请关龙逄一起来看他施展“炮烙之刑”，桀问：“你觉得看这种刑罚快乐吗？”龙逄答：“快乐！”桀问：“观看这种酷刑为何没有感到难过呢？”龙逄答：“天下人觉得苦的恰恰是大王您觉得快乐的，我是您的臣子，我怎么会难过呢？”桀反问：“你现在是不是有什么话要上谏？我现在听你说一下，如果你说得对，我就改正，说得不对，我就对你施加酷刑。”关龙逢严肃地说:“我如今看到大王的头上悬着危石，脚下踏着解冻的冰，头顶危石没有不被巨石覆压的，脚踏解冻之冰没有不下陷的。”桀冷笑道:“你是说我的天下要亡了吗?我就要和国家一起覆灭。但是可惜啊!你看到我就要灭亡了，没看到你自己马上就要死了啊!”关龙逢看到这样不醒悟的大王，义愤填膺，最终赴火而死。

不管是直谏还是婉谏，毕竟都是指责君主过失，还是会冒很大的风险，历朝历代围绕着谏诤与纳谏上演了多少慷慨悲歌的历史活剧。无数的忠直骨鲠之士，为了国家的治乱安危，为了兴利除弊，义无反顾地把谏诤作为责无旁贷的使命。

如同唐太宗和魏徵等君臣一样，能做到“臣不以数谏为嫌，君不以数谏为忤”的不多，但是只有那样才能使政治清明、经济繁荣、社会安定。因此，清朝乾隆皇帝曾不无艳羡地说:“盖自三代以下，能用贤纳谏而治天下者，未有贞观之盛焉。”

原文

恭敬而逊，听从而敏，不敢有以私决择也，不敢有以私取与也，以顺上为志，是事圣君之义也。忠信而不谀，谏争而不谄，挢然刚折，端志而无倾侧之心，是案曰是，非案曰非，是事中君之义也。调而不流，柔而不屈，宽容而不乱，晓然以至道而无不调和也，而能化易，时关内之，是事暴君之义也。若驭朴马，若养赤子，若食馁人，故因其惧也，而改其过；因其忧也，而辨其故；因其喜也，而入其道；因其怒也，而除其怨：曲得所谓焉。事人而不顺者，不疾者也；疾而不顺者，不敬者也；敬而不顺者，不忠者也；忠而不顺者，无功者也；有功而不顺者，无德者也。故无德之为道也，伤疾、堕功、灭苦，故君子不为也。(《荀子》)

译文

恭敬而又谦逊，听从而又敏捷地执行命令，不敢根据自己的想法去决断和选择，不敢根据私利去取舍，把顺从君主作为自己的指导思想，这是侍奉圣明君主的合宜原则。忠诚守信而不阿谀，劝谏苦净而不谄媚，强硬刚直决不妥协，思想端正而没有偏斜不正的念头，对的就说对，错的就说错，这是侍奉一般君主的合宜守则。调和却不随波逐流，温柔却不低头屈从，宽容却不和君主一起胡乱妄为，用最正确的原则去启发君主而没有不协调和顺的，那就感化改变君主暴虐的本性，时时把正确的原则灌输到他心中去，这是侍奉暴君的合宜原则。侍奉暴君就像驾驭未训练过的马，就像抚养初生的婴儿，就像喂饥饿的人吃东西一样，要趁他畏惧的时候使他走入正道，趁他发怒的时候使他除去仇人，这样就能处处达到目的。侍奉君主却不合君主的心意，是因为不敏捷；敏捷了却不合君主的心意，是因为不恭敬；恭敬了却不合君主的心意，是因为不忠诚；忠诚了却不合君主的心意，是因为没有功绩；有了功绩却不合君主的心意，是因为没有品德。所以没有品德如果成为一种德行，就会伤害积极性、毁掉功绩、湮没苦心，所以君子是不干的。

解读

上司是各式各样的，这就要因人而宜了。所以要了解各个上司的脾气秉性，但是其中要有自己的为官品德，不能借此做私事，还是要一心为公。

案例

于谦两袖清风

一个真正有品德的人为官，一定会重视自己的品德，而不会为了迎合权贵而改变自己，虽然那些上司有自己的嗜好，但这也不能去做私事，而是应该一心为公，做一个正直而品德高尚之人，如同于谦的《石灰吟》那样："千锤万凿出深山，烈火焚烧若等闲。粉身碎骨全不怕，要留清白在人间。"

在明朝正统年间初，杨士奇、杨荣、杨溥主持内阁朝政，都很重视于谦，当时于谦为人正派，能干大事，也得到了皇帝的重视。于谦所奏请的事，一般在早上上奏章，晚上就能得到批准，都是"三杨"主办的。

但于谦有一个特点，每次进京商议国事时，都是两手空空，从不带点什么礼物及特产去的，这就让那些有权势的人都纷纷感到失望。等到清廉的"三杨"去世之后，太监王振开始掌权，作威作福，肆无忌惮地向百官收受贿赂。

王振不仅喜欢权，更喜欢钱，一些人为了升官发财，每次朝会都向王振送礼，争相献金求媚。要见王振，必须先纳白银百两；若能献白银千两，那就能和王振一起吃个饭，那就是荣耀。

于谦当然也知道这个上司有这个收钱的爱好，可是他没有搭理，每次进京奏事的时候，还是没有携带任何的礼品，空着手去见王振，绝不愿意为了逢迎他而违反自己的原则。所以他身边有人劝他说：“您不愿意送金银财宝的话，难道不能带点土产送过去吗？”于谦微微一笑，只是甩了甩他的两只袖子，说：“只有两袖清风。”他还特意写了一首诗《入京》，以明志：“绢帕蘑菇及线香，本资民用反为殃。清风两袖朝天去，免得闾阎话短长！”这样的诗让那些拍王振马屁的人气愤不已，王振也记恨在心。

后来于谦入朝为官，推荐了参政王来、孙原贞。当时王振的爪牙通政使李锡弹劾于谦因为长期未得晋升而心生不满，随便推举人来代替自己。于是他被王振判了死刑。在狱中关了三个多月。是他治理地的百姓听说于谦被判处死刑，于是群民共愤，联名上书。这才把于谦救了出来。降职为大理寺少卿。

于谦的性格很刚强，遇到有不痛快的事，总是拍着胸脯感叹说：“这一腔热血，不知会洒在哪里！”他看不起那些懦怯无能的大臣、勋臣、皇亲国戚，因此憎恨他的人更多。但是他从来没有改变自己的志趣，守着官德，两袖清风，一心为公，成为一代明相。

同僚卷

第五

原文

同寅有兄弟之谊，自宜和衷共济：平素则交道接礼、久而敬之，相见则输诚持正，以道相勉，议公事则妥酌情理、无致歧二，有会审则秉公剖断、无庇私人，而其要在彼此相信，不为狎暱。(《牧令书辑要》)

译文

同僚之间有兄弟般的情谊，自应同心协力：平时的交往遵循道义和礼节，久而久之，敬意自生，相处时真诚相待、坚持正义、以道义互相勉励，议论公事时则稳妥地商酌情理，不至于出现分歧，会审案件时则秉公剖析裁断、不包庇亲戚朋友，关键在于彼此信任，不过分亲密。

解读

作为在一个官场里摸爬滚打的人，要讲和气，有事情要互相商议，彼此之间要信任，要有兄弟般的情谊。但是俗话说：君子之交淡如水，所以在亲密的同时，要讲求礼节。如果过于亲密就会因私情而伤害公事，因为做的是公事，所以就要求在公事外讲求兄弟，但在公事中就要求忠于原则。

案例

王旦的雅量

同在官场内摸爬滚打，如果没有气度，与人斤斤计较，估计也得不到别人的信任与帮助。同僚相处，应该坦诚以待，秉持正义，公私分明，唯有这样，才能有人与之亲近，才能亲近而不误事。

宋朝有一个太尉叫王旦，他为人非常大度，和同僚相处，总是能宽以待人。他曾经推荐寇准为宰相，王旦和寇准虽然同为宰相，但是他们两人的性格却截然相反，王旦比较低调，而寇准非常张扬。所以，尽管同为北宋名相，王旦的名气可比寇准要差很多。但是就个人的气量来讲，王旦却比寇准要强很多，王旦非常的大度，但是寇准有点“小家子气”。所以，他们二人在皇帝说起对方的时候，态度就一点也不一样，寇准常常揭王旦的短处，但是王旦却常常赞扬寇准的长处。

有一天，宋真宗对王旦说：“您虽然常常夸赞寇准的优点，但是他可没少说您的坏话啊。”王旦说：“本来就应该是这样的。我担任宰相已经太久了，在处理政事时当然会犯很多的错误。而寇准能够对您说出我的缺点，只说明他对您是忠诚的，这也是我重用他的原因。”宋真宗听了之后，更加钦佩王旦。

后来，寇准升任为枢密院一把手，王旦则是中书省的头，一个管军事，一个管行政，是当时核心权力机构“两院”的负责人。有一次中书省有文件送到枢密院会签，寇准发现违反行文格式，立即将这不负责的情况告诉了皇帝，王旦因而受到责问。但是王旦不仅没有计较，反而亲自去寇准那儿说明情况，对有关人员进行了责罚。

后来，寇准被真宗罢了官，于是他托人私下见王旦，希望能帮忙说说情，让他当个宰相助理干干，王旦非常奇怪地道：“将相之任，都是皇上安排，怎么可以自己去要求呢？这事，我办不到。”寇准觉得肯定是自己平日里和王旦过不去，才导致他不出手帮忙，心灰意冷的他只能等着回家了。可是令他没想到的是，不久，他便被任命为武胜军节度使、同中书门下平章事。这下子如愿以偿的寇准去真宗面前谢恩，真宗说：“你以为你的职务是朕安排的吗？实话告诉你，是因为王旦举荐的啊。”寇准听了后惭愧万端，自叹不如。

因为寇准的确有才，所以王旦拒绝私请却又力荐寇准，都是出于公心，丝毫没有夹杂个人的恩怨，可以看到他的大局意识和个人修养是何等高尚与完美。

所以后来，王旦病重，真宗皇帝征询他有没有宰相人选推荐，他毫不犹豫地说：“我认为没谁比寇准更合适。”

君子之交淡如水，只要一心为公，真正贤明的人都能同舟共济，共同为完成大事业而前仆后继。

原文

取人之直，恕其憨；取人之朴，恕其愚；取人之介，恕其隘；取人之敏，恕其疏；取人之辨，恕其肆；取人之信，恕其拘。所谓人有所长，必有所短也，可因短以见长，不可忌长以摘短。(《从政遗规》)

译文

在与同僚的交往时，要看重他的正直，原谅他的憨厚；看重他的朴实，原谅他的愚蠢；看重他的耿直，原谅他的狭隘；看重他的敏捷，原谅他的粗疏；看重他的辩才，原谅他的放肆；自重他的诚信，原谅他的拘泥。所谓人有长处，必然也有短处，可以从他的短处中看到长处，不可因忌妒他的长处而挑他的短处。

解读

同僚之间相处，要看其长处，不要只看他的短处，而且也不要用他的短处攻击其长处或者人格。同僚之间还是要以和为主，像历朝历代的党争中，就是抓住同僚之短处进行无情的批判，其结果就是两败俱伤。

案例

田窦之争

在同僚的交往中，最重要的是看一个人的品格，也要善于看到对方的长处，万不能只看到短处，然后抓住不放，最后弄得两虎相争，两败俱伤。同僚之间还是要以和为贵。

汉武帝当政的时候，丞相田蚡就仗着自己是太后的胞弟，骄横不可一世，他的同僚就开始看不惯他了，而他也常常在朝野上找其他同僚的碴，揭他们的短。

有一次，田蚡跟汉武帝说大将军灌夫在颍川那边横行霸道，百姓都受其苦。请求汉武帝严加查办。但是汉武帝跟他说："这是丞相的职责，无须向我请示。"而实际上，灌夫的手里也抓着田蚡的秘密，田蚡用非法手段谋取利益，还接受淮南王的贿赂，说了些不该说的话。幸好有宾客从中调解。双方才停止互相攻击，彼此和解了一阵时间。

后来，田蚡娶了燕王的女儿做夫人，太后下令所有的人都去祝贺，于是魏其侯窦婴拜访灌夫，邀请他一起去。灌夫推辞说："我多次因为酒醉失礼而得罪了丞相，丞相最近又对我不满，我还是不去的好。"窦婴说："事情已经和解了。"硬拉他一道去。

其实灌夫为人刚强直爽，好发酒疯，不喜欢当面奉承人。对那些皇亲国戚及得势的人，以及地位在自己以上的人，他不但不会去尊敬他们，反而会想办法去凌辱他们。所以在酒席上，灌夫就发酒疯谩骂了田蚡及一些宾客，被抓起来打算问罪。

这事被汉武帝知道之后，在朝会上进行了公开的辩论。汉武帝向在朝的大臣问道："他们两人的话谁的对呢？"御史大夫韩安国说："魏其侯说灌夫的父亲为国而死，灌夫手持戈戟冲入强大的吴军中，身受创伤几十处，名声在全军数第一，这是天下的勇士，如果没有什么特别大的罪恶，就因为喝酒引起口舌之争，是不值得判处死刑的。魏其侯的话没错。丞相又说灌夫同大奸巨猾结交，欺压平民百姓，积累家产数万万，横行颍川，凌辱侵犯皇族，丞相的话也不错。希望英明的主上自己裁决这件事吧。"

武安侯田蚡开完了廷辩会，出了止车门，叫御史大夫韩长孺上了他的车，生气地说："同你韩长孺一起对付一个秃顶的魏其侯，你为何两边倒？"

韩御史沉默了一会儿才对田蚡说："你怎么这么不自爱呢？本来，魏其侯诋毁您，您就应该摘下帽子，解开系印的带子，把相印交给皇上，说，'臣下田蚡，由于陛下对亲戚的信任，勉强担任丞相的职务，实在是很不称职的。魏其侯的话都对。'这样，皇上一定会赞赏您谦让的美德，增强对您的信任；而魏其侯呢，说不定就会心里愧疚，闭门咬舌自杀。但是，刚才你们互相指责对方的短处，说丑话，就像商贩和村妇吵架一样，没有丞相的作风啊！"武安侯听了感到惭愧不已。

原文

夫共署联事，一人努力而前，则余者皆当辅相，以成其志。苟彼前我却，彼行我止，动焉而不相随，语焉而不相应，则事功之成者能几？此古人所以有推车同舟之喻也。其或共舟以济，而一人溺焉，则凡在舟者，无论疏戚，所宜并力以救之，此贤不肖之所共知也。况同为臣子，同受天下国家之寄者，可坐视一人被祸而不恤哉！使其为一己之私，自贻伊戚，固无足恤。其或知无不言，言无不尽。公家之务，一以大公，至正处之，彼非为己为家而得罪，则凡同官者，安得不挺身而前，与之共难也哉？（《三事忠告》）

译文

在一个衙门里共事，一个人努力向前，其余的人应该给予帮助，来实现它的志向。如果他向前我后退，他行动我停止，有什么举动不相随，有什么话不响应，那么事情能成功的有几个呢？这就是古人有推车同舟这一比喻的原因。如果同坐一条船渡河，一个人落水了，那么凡是在船上的人，不论亲疏，都应当一道用力抢救他，这是贤和不贤的人都明白的道理。何况同为臣子，同时承受国家寄托的人，可以坐视一个人遭受灾祸而不同情吗？假使他是为了个人的私利，自己给自己招来悲戚，固然不值得同情。如果知无不言，言无不尽，公家的事情，一贯大公无私地对待，他不是为自己为家庭而获罪，那么凡是一起做官的人，哪能不挺身而出和他共患难呢？

解读

作为同僚应该同舟共济，不能因为平时有私怨，就不出手相助；或者要取代他而在他落难时难为他，甚至还踏上一脚，这样不是正人君子所为。

案例

杨仪杀魏延

在同一个地方办公，就如同在一条船上航行，如果有一个人落水了，其他人会怎么做呢？能够坐视不管吗？有些人还真的会因为私怨，非但不出手相助，反而取而代之，做落井下石的勾当。

在三国时期，蜀汉诸葛亮去世之后，最担心的就是谁能接班。当时他担心魏延会不受节制，于是就密令了王平和杨仪，要他们伺机处理。

魏延与杨仪平时的关系就不好，当魏延执意带领部队继续北伐时，杨仪就觉得魏延想投敌，于是带着自己的部队想返回蜀国，去刘禅面前告状，当时，魏延据南谷口，攻击杨仪的部队，大将王平出去抵挡，王平对魏延说："丞相初亡，尸骨未寒，汝辈何敢乃尔！"就是说丞相刚刚病故，尸骨未寒，你们这些人怎么敢这样呢？因为王平的话说得很有道理，所以，魏延的士兵都觉得错误在魏延，不给他卖命，当时魏延的身边就只剩下了他和他的几个儿子，但他还是朝着汉中的方向跑，这足以证明他没有谋反投敌的心思。

看到这种情况，王平没有乘机派兵追杀他，说明王平还是不想杀魏延，但是杨仪就觉得机会来了，他马上派马岱带兵去追，最后将魏延给斩了。

真正想杀魏延的就是杨仪，因为杨仪想行使诸葛亮的权力，接他的班，而魏延就是他最大的威胁，所以他就落井下石。

当时刘禅派蒋琬率领宿卫营奔汉中，还没赶到，就听说魏延已经被杨仪杀了。也许蒋琬即使赶到的话，魏延还不至于这个结局，因为按照蒋琬宽以待人的性格特征，他也会上书后主，认为魏延北伐功勋卓著，最多削去爵位，贬为庶民而已。

魏延的死，就怪他自己平时和同僚们的关系太差，平时孤傲不可一世，没有人愿意和这样的人打交道，所以到头来也没有一个人为他讲话，所以一旦有难，无人相助，而落井下石的人倒是不少。不过最后杨仪的结局也很悲惨。

当杨仪将军队全部安全带回蜀汉之后，自认为平定了魏延的叛变，功劳很大，可以代替诸葛亮辅佐朝政，但是刘禅却将大事全部交给了蒋琬，因为蒋琬做事大度，而刘禅认为杨仪性格狷狭，和魏延是一路人。

后来，晚清名臣左宗棠年轻的时候脾气很大，常常会为了一件小事而大吵大闹，但是当他成为一方大员的时候，脾气就越来越小了，别人问他这是为什么，他说:“穷困潦倒之时，不被人欺；飞黄腾达之日，不被人嫉。”杨仪就是因为自己的贪欲而杀掉魏延，对于本来就缺乏人才的蜀汉来说，这是一个悲剧，间接地加速了蜀汉的灭亡。

原文

人臣所以不和者，只恐夺宠夺能，不知世界事非一人所能独满，独则无曜，并乃有功，古来名人，俱以相翼而成。(《从政遗规》)

译文

臣僚之间之所以不能团结，是因为他们都怕失去了上司的宠信，都怕被人小看了自己的能力，不知道世界上的事十分多，不是一个人能独自完成的。一个人单干是不可能取得光辉成就的，只有大家齐心协力才能建立功勋，自古以来以功扬名后世的人，都是相辅相助而获得成功的。

解读

凡是有大成就的人，都是有人帮助的。大事业一个人是做不来的，管理国家，为百姓谋福利更是如此。当官之人不要为了在上司面前取宠，就同僚之间相互攻讦，这样不只是伤害一个人的问题，更伤害了这件事，而由这件事引起的连锁反应是无穷尽的害处。

案例

一代名相陈廷敬

自古以来，那些成就一番大事业的名臣，无不是得天下之才相助，要做大事业，仅凭一己之力是不可能的。特别是身居一人之下万人之上的宰相，更要有这样的大局观念。

在清朝的名臣中，一代名相陈廷敬可以说政绩不凡，在诸多领域都有非凡的成就。而他最大的特点就是供职于各部，他为人清廉，待人和气，与各部的同僚都相处得很好，得到了下属的相助，管理好了国家，为百姓谋福利。

陈廷敬是康乾时期的主要大臣，曾先后任职于礼部、吏部、户部、刑部等重要部门，长期担任侍读、侍讲学士，直至文渊阁大学士。

陈廷敬为政清廉，《清史稿》就给他“清勤”这二字的评价。在他官居吏部尚书时，陈廷敬曾严格要求自己的家人，凡是行为不端者、送礼贿赂谋私的人，不能进自己的家门。当他到礼部上任时，就立下规矩：“自廷敬开始，我部拒绝任何的办事请托，严禁送礼。”

陈廷敬出身于书香门第，有儒家风范，特别注重个人的修养。他胸怀宽广，公道正派，且口风极严。官居相位，也从不端架子，和周围的同僚都相处得很好。他的身边，凡是真正才能出众者，他都会极力举荐。

康熙曾经召见各部大臣，希望他们能举廉能官吏，陈廷敬就举荐了灵寿县令陆陇其、清苑县令邵嗣尧，这二人都是康熙朝的清官，颇有政声，康熙后来将他们提拔为御史，后来升为尚书。有人告诉陈廷敬：“这两个人廉而刚，但是刚易折，而且都是刺儿头，有股怨气，说不定哪一天惹了事，将来一定会怨到你头上。”陈廷敬说，“为官刚一些，提意见多一些，对国家有好处，对我个人到底好不好，我不在乎。”陈廷敬识时务、处处小心谨慎、避免锋芒毕露。用推手和心术处处化险为夷，明哲保身。但总能在恰当的时机，以合适的理由奏报朝廷为民谋福祉。

在清朝重臣中，只有陈廷敬驰骋官场五十余年，历任工、吏、户、刑四部尚书，最终成为文渊阁大学士，乞归后仍被召回，最后老死相位。康熙对陈廷敬的为人为官都非常赞赏，夸他“卿为耆旧，可称全人”。

原文

朋党之起，盖因趋向异同。同我者谓之正人，异我者疑为邪党。既恶其异我，则逆耳之言难至；既喜其同我，则迎合之佞日亲。以至真伪莫知，贤愚倒置。国家之患，何莫由斯！（《国朝诸臣奏议》）

译文

谋取私利的帮派之所以会产生，是因为某些官员的观点、意见不同。和我意见相同的人，就是正人君子；和我意见不同的人，就被认为是邪党之人。既然对观点不同的人表示厌恶，那么就难能听到不顺耳的言论；既然对观点相同的人表示喜好，那么就日益亲近迎合阿谀的人。其结果必然是真伪不辨，贤愚倒置。国家的患难，哪一桩不是由此而造成的！

解读

人都是群居的。在人群中总是有一些人与我们意见相同，有一些人与我们意见相反，于是就人以群分，这样就形成了许多意见相同的朋党。古代君主最怕的就是大臣们形成不同的朋党，彼此之间互相攻讦，闹得不可收拾，于是国事就变成了争吵。这就需要引入妥协机制，对意见不同的人要宽容，不能由此把有理的事最后上升到无理的争吵中。

案例

被冷落的和珅

物以类聚，人以群分，在官场中，常常会因为意见相左，而形成朋党，这样的局面出现的话，对国事或是政务的处理就会造成影响，彼此间互相攻讦，做事情像吵架一样，那怎么能把事情办好呢？

在乾隆皇帝时期，最得宠的大臣应该就是和珅了。因为和珅文武皆通，不仅对国家用武大事，运筹帷幄，谋划大计，还兼通满汉，对蒙、藏文字也颇识大意，承旨书谕，办理俱佳，他还知书达礼，嗜好诗词书法，与乾隆同在诗词歌赋上颇能应付，乾隆正是喜欢“巧与迎合、式于显勤”的干练之才。

但是和珅在朝为官，肯定会遇到一些与己不和的同僚，他对那些官职低微，势单力薄的官员，总是想办法直接让他们丢官弃职，排挤出官场，而面对那些根基深厚，可以同他抗衡的朝廷大员们，他就会安排他们在应接不暇的政事中疲于奔命，无暇与他相争。

而和伸这样做之后，也被同僚们给冷藏了起来，没有人愿意与他走得太近。和珅在官场中遇到的真正对手应该就是他在军机处的几位同僚。这些人从来就没把他看作是自己的同僚，对和珅嗤之以鼻。

而和珅最为忌惮的也许就是领班军机大臣大学士阿桂，因为乾隆也深知阿桂身经百战，功勋卓著，所以，对他特别器重，虽然和珅能在乾隆面前争得宠信，但乾隆真正倚仗的还是能征善战、足智多谋的阿桂。

阿桂出将入相，德高望重，对和珅总是不理不睬，一同上朝时则远离和珅站立。和珅一直嫉恨他，于是，常常有意上前套近乎，阿桂也从不买账，

还有一个就是大学士王杰，他是乾隆二十六年状元，学问优长，刚直清廉，遇事坚持原则，始终与和珅保持一定距离。

有一天，王杰下朝后回到值房，正在独坐沉思的时候，和珅走了进来，拉着王杰的手，对这位年近七旬的老前辈说：“你的手怎么这么柔软呀？”王杰马上抽回手，正色跟他说：“我王杰的手虽好，但是不能搂钱！”和珅的脸一下子全红了。从此，对王杰恨之入骨。

但因乾隆对王杰知之甚深，和珅也拿他没办法。另外一个人是尚书董诰，他书、画俱为乾隆赏识，而且正直敢言，有古大臣之风，和珅也排挤不动。

可以说在军机处就是正邪不两立，形成了一种奇怪的局面，每天做事的时候，五个军机处大臣从没有在一起办公，阿桂一个人在军机处值班，王杰与董诰在南书房，福康安在内务府造办处，和珅一个人在内右门内房间。就算皇上在圆明园，他们也从来不在一处办公。

原文

处同僚，彼此相敬，自愈久愈深。人各有好，如饮酒然，甘苦惟其所嗜。必欲以人之甘从我之苦，以人之苦从多之甘，即父母不能得之子，况同侪乎？久于涉世者，常以我从人，必不拂人以从我。不然，一步不可行也。(《政学录》)

译文

同僚相处，彼此相敬，时间越久，感情越深。每个人都有自己的喜好，就像饮酒一样，甜苦各有嗜好。一定要那喜欢喝甜酒的人随我喝苦酒，或者要那喜欢喝苦酒的人随我喝甜酒，就是儿子都不会听从父母的要求，何况是同辈呢？经历世事较多的人，经常是随他人的喜好办，必不强迫他人随自己的喜好办。不如此，则一步都迈不开。

解读

己所不欲勿施于人，其实己所欲也不要随意施于人，因为每个人都有不同的喜好。所以同僚之间相处，要熟悉他们的喜好，不要强迫别人与自己一样，如果太强势，其结果就是虽然同僚也相敬，但办事却没有帮助。

案例

被气死的宰相

在官场中，同僚相处，各人有各人的爱好特点，各人也各人的优势及缺点。与人相处，难免有磕磕碰碰，如果不能将心比心地去为他人着想，宽以待人的话，那么，就算把自己气死也只是让人家笑话而已。

在汉文帝时期，皇帝身边有一个弄臣名叫邓通，非常得文帝的宠爱，不但经常会得到赏赐，而且经常和文帝一起吃饭，有一次，丞相申屠嘉上朝，看到邓通竟站在皇帝的旁边，举止怠慢，有失礼节。申屠丞相奏完事后进言说："皇上可以宠爱某个大臣，可以给他富贵，但君臣之礼却不能逾越。"文帝听后很不高兴地说："我就是喜欢，你不要多说什么。"

被气得要死但无可奈何的申屠嘉回到相府之后，就想好好教训一下邓通，申屠嘉于是给邓通下了一道征召的公文，要邓通到丞相府来，胆敢不来，小心你的狗头。邓通怕了，赶紧跑到宫里向文帝报告了这事，文帝说："你去吧，我一会儿就派人把你召回来。"邓通知道申屠嘉可不好惹，到了丞相府，脱下顶冠，光着双脚，叩首谢罪，申屠嘉在原来的位置一动不动，故意不予礼遇。破口大骂："你这个邓通，竟然敢在殿上举止随便，态度怠慢，已犯下了'大不敬'之罪，该当斩首！"邓通吓得以首顿地。

文帝觉得邓通应该吃够了苦，于是派人拿着圣旨召回邓通。并让使者转告丞相说："此吾弄臣，君释之。"邓通才被放回。

到了景帝时代，晁错担任了内史，按照景帝的指示，大刀阔斧地进行改革。身为丞相的申屠嘉慢慢地在皇帝面前失去了话语权，这就让申屠嘉迁怒于晁错，打算找机会整一整晁错，他听说晁错把皇帝宗庙里的墙凿穿了，于是打算上奏杀了晁错。但被晁错得知了消息，于是他半夜三更去告诉了景帝。等到申屠嘉上奏的时候，景帝说："晁错凿开的是外墙，不是真的宗庙的墙，并且是别人居住的地方，而且得到了我的允许。"罢朝后，申屠嘉对长史说："我真后悔没有先斩后奏啊！现在反而被晁错出卖了。"回到家，这个倔老头想来想去心里不舒服，于是呕血而死了。

不会变通的申屠嘉只知道维护制度，但却屡屡得罪弄臣和能臣，没有站在皇帝的立场考虑问题，自己强势把好事都给办成了坏事，邓通是文帝的贴心人，你把他杀了，皇帝能高兴吗？而晁错在为皇帝实行新政和改革，你却想杀了晁错，皇帝能同意吗？申屠嘉呕血而亡就是因为不识时务，太过强势固执所致。

原文

人之生也直，与武员之交接，尤贵乎直。文员之心，多曲多歪，多不坦白，往往与武员不相水乳，必尽去歪曲私衷，事事推心置腹，使武人粗人，坦然无疑，此接物之诚也。以诚为之本，以勤字慎字为之用，庶几免于大戾，免于大赦。(《曾胡治兵语录》)

译文

人生应该直率，和武人交往，更贵于直率。文人的内心，有好多曲折和偏斜，太多不坦诚，往往和武人不能水乳交融，一定要尽力去掉他们曲折偏斜的私心，事事推心置腹，让武人、粗人坦然没有疑虑，这是待人的真诚。以真诚为根本，以“勤”字、“慎”字为具体做事原则，大体可以避免大的罪过和大的失败。

解读

关于同僚相处，有一个大概的要点，比如这里所说的文人和武人相处之时，文人就要去掉自己心中的曲折，因为武人大多都比较坦诚，如果和武人还话不说透，说事总是遮遮掩掩，显然和武人是没法相处的。

案例

项羽怒杀卿子冠军

和不同的人打交道，肯定要用不一样的策略，比如文人和武将的性格肯定是不一样的，就好像说“秀才遇到兵，有理说不清”，有些武将为人坦诚、直率，都是血性男儿，不喜欢婆婆妈妈讲什么道理，假如不知道武将的这个特点，和他们打交道还是遮遮掩掩，那就离祸端不远了。

在秦朝末年，项羽家族拥立楚怀王，开始反抗暴秦，当时秦将章邯、王离率领 40 万大军围攻赵国，赵王向天下诸侯求援。

当时楚怀王召见宋义，与他交谈，对他非常赏识，任命他为上将军，号为卿子冠军。另外任命项羽为次将，范增为末将，出军前去援救被秦军围困的赵国。

但是宋义和项羽人在行动方略上产生了分歧，宋义打算采用拖延战术，不想尽快援救赵国，率军到达安阳后，不再前进，在安阳停留了四十六天。决定“坐山观虎斗”，让秦军和赵军相互争斗，消耗力量。等秦军疲惫之时再予以攻击。但项羽不是这样认为，他跟宋义说：“我们应该尽快带兵渡河，楚军攻打他们的外围，赵军在里面响应，必定可以击破秦军。”宋义说：“不对。如今秦国进攻赵国，如果秦军胜，也一定疲惫不堪，我们可以趁他们疲惫之机攻打他们；如果秦军失利，我们就率领大军，擂鼓长驱西进，必定推翻秦朝。所以我们按兵不动。披甲胄，执兵器，我宋义不如你；但运用策略，你不如我宋义。”宋义还向军中下达命令说：“不听指挥的，一律斩首。”

同时，宋义派遣他的儿子宋襄去辅助齐王，宋义亲自将宋襄送到无盐地区，在那里大宴宾客。而此时天寒大雨，楚军又军粮不足，士兵冻饿交加，白白在安阳这个地方挨饿。

项羽对身边的将士说：“此时正是我们与赵国合力攻打秦军的好机会，但如今我们却滞留而不前进。今年百姓穷困，士卒只能吃芋头、豆子，军中没有存粮，可是上将军宋义却大宴宾客，不肯引兵渡河从赵国获取粮食。现在上将军不体恤士卒，却去钻营私利，不是安定社稷的臣子。”

于是，第二早上，项羽独自去见上将军宋义，斩下了宋义的头颅。随后，项羽在军中发布命令说：“宋义与齐国同谋反楚，楚王密令我杀掉他！”军中的将士都畏服项羽，不敢对项羽的话有异议。于是拥立项羽为代理上将军。项羽派人到齐国追杀了宋义的儿子宋襄，又派部将桓楚将诛杀宋义的事向楚怀王做了报告。楚怀王正式任命项羽担任上将军。项羽由此成为楚军统帅。率领军队援救赵国，在巨鹿大败秦军，解除了巨鹿之围。

其实，在救赵的策略上，宋义就是没有把握住武将项羽的脾气，跟他说话没有注意方法，行为举止也不合适。在项羽看来，宋义采取拖延不战的策略不是出于公心，而是出于私利。宋义的计谋，粗略一看，似乎是很有道理，但是没有注意到楚军军粮不足，也没有看到秦军一旦打败赵国，实力会更强。

而项羽对这两个问题看得很透彻，但是宋义根本就不听他的话，一意孤行，最后断送了自己和儿子的性命。

原文

敬人有道。贤者则贵而敬之，不肖者则畏而敬之；贤者则亲而敬之，不肖者则疏而敬之。其敬一也，其情二也。若夫忠信端悫而不害伤，则无接而不然，是仁人之质也。忠信以为质，端悫以为统，礼义以为文，伦类以为理，喘而言，臑而动，而一可以为法则。《诗》曰："不僭不贼，鲜不为则。"此之谓也。(《荀子》)

译文

尊敬别人有一定的原则。对贤能的人就景仰地尊敬他，对没有德才的人就畏惧地尊敬他；对贤能的人就亲切地尊敬他，对没有德才的人就疏远地尊敬他。尊敬是一样的，实际内容是两样的。至于忠诚、守信、正直、真诚而不伤害人，对待所有的人都应该这样，这是仁德之人的本质。以忠诚守信为本体，以正直真诚为纲纪，以礼义为规范，以伦理法律为原则，轻声说一句话，稍微动一动，都可以成为别人效法的榜样。《诗经》里说："不犯错误不伤害人，很少不成为别人的榜样。"说的就是这样的人。

解读

这里说的是尊敬，其实不只是对同僚，对每个人来说都是适用的。同僚之间的敬，要有原则，文中提到的观点可以作为借鉴，这就是：以忠诚守信为本体，以正直真诚为纲纪，以礼义为规范，以伦理法律为原则。

案例

贤良公孙弘

一个贤能的人，一定懂得尊重人，就算被人误解，也能坚持本心，不争口舌之利。真诚待人，宽厚而正直。

在汉武帝时期，有一个著名的丞相公孙弘，他年轻时家贫，养成了节俭的生活习惯，所以当他后来贵为丞相之后，衣食起居还是一样的俭朴，每顿饭只吃一个荤菜，睡觉时也盖着普通棉被。就因为他节俭得有点过分，所以当时为人耿直，好直谏廷诤的大臣汲黯向汉武帝参了一本，说公孙弘位列三公，俸禄不少，但是却故意过着平常百姓的生活，粗茶淡饭，盖普通的棉被，实质上是使诈以沽名钓誉，目的是为了骗取俭朴清廉的美名。

于是汉武帝便把公孙弘召来，问他："汲黯所说的那些事都是真的吗？"公孙弘回答道："汲黯说得对。在满朝文武大臣中，只有他和我交情最好，也是最了解我的人。如今他这样批评我的话，的确说到了点子上，我位列三公但是只盖棉被，生活也和普通百姓差不多，看上去的确像是装清廉以沽名钓誉。假如不是汲黯忠心耿耿的话，陛下您肯定就听不到这种批评啊？"汉武帝听了公孙弘的话之后，觉得他这个人忠诚谦让，反而更加尊重他。

公孙弘面对汲黯的指责和汉武帝的询问，他没有去做过多的争辩，全都承认，这可以说是一种大智慧！汲黯指责他说"使诈以沽名钓誉"，这个时候，假如他和汲黯对着干，一味地逃避，指责汲黯的不是，那么，汉武帝可能就不会这么信任他。

公孙弘深知尊重的重要性，他面对指责，采取了十分高明的一招，不做任何辩解，淡然接受，尊重汲黯的指责，承认自己沽名钓誉。还对指责自己的人大加赞扬，认为他是"忠心耿耿"。

这样一来，皇帝及同僚们就会产生一个很好的印象：这个公孙弘确实是"宰相肚里能撑船"。如果大家有了这样的印象，那公孙弘何必去做过多的解释呢?

以退为进，尊重对手，这是一种大智慧。特别是同僚之间相处，假如能运用得好，那么就能受益匪浅。作为一个团队的领袖，更需要如此，因为有时就会遭遇这种不问青红皂白的指责，因为有些人对情况不怎么了解但是又喜欢乱下结论，这时候你去辩解反而会让人觉得你心中有鬼，即便最后得到澄清，也有可能让人觉得你咄咄逼人，争强好胜。何况有时候一个人在无意之中还真的会犯一些错误。

原文

尝见世之交代者，多有所争。要皆旧官不广之所致，或据其居而不徙，或专其田而不分，或匿其公物不尽以相受，使新者怀不平而无所诉，甚非士君子善后之道也。夫利之与义，势不并处。义亲则利疏，利近则义远，况为民师帅，而专务于利，其聚怨纳侮，视市井小人不若也。故君子之从政也，宁公而贫，不私而富，宁让而损己，不竞而损人。(《三事忠告》)

译文

曾看到世上交接职务的人，大多有争执。主要都是由旧官心胸不开阔导致的，有的占据原来的住处不搬迁，有的独占田地不加分配，有的把公家的东西藏起来不全部交出，让新上任的人心怀不平但又没有诉说的地方，这根本不是君子处理善后事情的做法。利和义，势必不能共存，亲近义就能疏远利，靠近利就远离义，何况作为百姓的表率，却一心追求利，那样就会招致许多的怨恨侮辱，在我看来还不如市井小人。所以君子做官，宁可因为公事贫穷，也不能为了私利富裕，宁可退让而自己受损失，也不争夺而损害别人。

解读

官僚之间的交往要以义为根本，不能只看到利，因为利和义是相反的一个概念，如果官员之间都以利益为根本，那就成为贪污腐化的源泉，社会的风气就会很坏，比如官员之间节日间的送礼习气，事虽小，但确是不可忽视的。

案例

大贪官和珅与“二不尚书”

天下熙熙，皆为利来，天下攘攘，皆为利往，但是作为官员，如果只是为了利而当官，那么，就会产生贪污腐化的官场风气，整个社会的风气也将败坏。

在清朝，有一个被称为“天下第一大贪官”的大官和珅，他办事干练，得到了乾隆皇帝的青睐，视为腹心，但是等乾隆皇帝一去世，嘉庆马上就下诏抄了和珅的家财。有人估计，和珅的家产价值八亿两白银，相当于当时朝廷十年的收入总和。所以当时流传一句话叫：“和珅跌倒，嘉庆吃饱。”

要积聚这么大的家产，和珅敛财不可不说到了令人发指的地步。在和珅为官期间，他家门前送礼的人络绎不绝，所以他的很多下属为了凑钱，也学他贪污的本领，“三年清知府，十万雪花银”就是对当时官场贪污的真实写照。和珅为了利置天下的大义于不顾，甚至对送礼的人都无情无义，有时他吃了原告吃被告，有一次，在奉天义州有一场官司闹到了他这里，当时许五德与霍三德打官司。双方都准备了大量的钱送给了和珅，和珅不管三七二十一，将两家的钱都收了，但是事情也没办，最后还是得靠送礼人自己去解决。

而且和珅收礼还很讲究，送礼的人也就要讲点技巧，因为和珅也算是个有文化的人，所以常常以文人自居。因此，很多官员送他名画，送古玩的话就更加让他开心，当时有一个官员汪如龙就深通此道，时而送给他玉如意，时而送黑玉蝴蝶、玉马等。和珅为了回报了汪如龙，让他做了两淮监政。

而且和珅还收罗死党，他当上军机大臣后，逐步开始拉帮结派，形成以自己为中心的“和家班底”。清朝吏治就在和珅手上毁坏了！

当然，历史上也有以拒收贿赂著名的官员，比如明末名臣范景文，他当吏部文选郎中时，不依魏忠贤，亦不附东林党，尝言：“天地人才，当为天地惜之。朝廷名器，当为朝廷守之。天下万世是非公论，当与天下万世共之。”

当时明朝实行专制集权，所有的权力都集中在皇帝手中，没有宰相一职，范景文当时任大学士，相当于首辅。所以就常常有许多亲友登门相求，景文一一婉拒，并在门上张贴“不受嘱，不受馈”六个大字，以明心迹。

老百姓看到之后，纷纷称赞，尊称他为“二不公”或“二不尚书”。当时他的同僚中的正直之士以范景文勤政廉政为内容撰成一副对联，上联是“不受嘱，不受馈，心底无私可放手”，下联是“勤为国，勤为民，衙前有鼓便知情”。

原文

近代东原吴曼庆，为某所宪长，既代，谆谆告上者曰："某事有少许未完，某狱己具而未决，某案有如是可疑，某人有许能而可用。"一部之政，毫分缕析，惟恐其不知，知之惟恐其不尽。呜呼！今之仁者，方其在职，尚不肯用心，况已代去，而敢责其如是哉！（《三事忠告》）

译文

近代东原有个人叫吴曼庆，任某个地方主管司法的长官，办完交接手续后，诚恳地对新上任的人说："某个事情还有少许没有完结，某个案子已经审理完毕，但还没有判决，某个案子有这些可疑之处，某个人有这样的才能可以使用。"一个官署的政事，条分缕析，唯恐新任的人不明白，明白了唯恐不彻底。啊！如今所谓有德行的人，在职的时候尚且不肯用心，何况已经被人接任而离官，哪还敢要求他这样做呢？

解读

这里讲到的是新旧官员交接时的情况，的确值得称颂。现在有许多官员在离任之前拼命贪腐，对于接下来的官员来说，不知如何接手。这样损害的是政事，损害的是人民的利益，不要有"我走以后，哪管洪水滔天"的思想，一定要留下一个好一点的政绩，并交接好。

案例

贪官离任遗臭

官员离任，往往能看到这个官员的品行，因为很多隐藏的问题会暴露，而且老百姓的评价，更是直接反映为官者的一个官德。

在中国古代官员离任，出现的情况五花八门。那些清官离任往往会让百姓恋恋不舍，希望能长期留住；就算是人走了，但好的名声还是在当地流传。但是那些贪官离任那就让百姓额手相庆，好像赶走了一个瘟神一样；就算离任了，留下的骂名却难以消除。

老百姓的心里有杆秤，对于官员的为政如何，都非常清楚，只是有时候，他们只能对官员的腐败贪婪感到愤怒，但是无能为力，敢怒而不敢言，所以，很多怒气和怨恨只能在他们离任的时候才能得以发泄。

在唐朝大历年间，有个县太爷离任，当地的绅民联名送了一块匾给他，上面写着“天高三尺”。这个县官不知道是什么意思，还以为是老百姓们赞扬他是青天大老爷，所以高高兴兴地收下了。后来，他的师爷知道了其中的意思，跟他说：“这块匾文是在骂你啊，这‘天高三尺’说的不是天，而是说‘地低’了的意思——就是说你是贪官，地皮都被刮去了‘三尺’，就相当于是‘天’高了‘三尺’这讽刺可以说入木三分。”

另外还有一个送匾的故事，说是某县官即将离任，当地百姓凑钱给他送了一块镜匾，匾上写着“五大天地”。这位县官也得意扬扬地欣赏镜匾，而堂下百姓都暗自发笑，原来这“五大天地”说的是“到任金天银地，在家花天酒地，坐堂办案昏天暗地，百姓含冤怨天怨地，如今离任谢天谢地！”百姓对贪官之恨，对贪官终于离任之乐，都暗藏在这“五大天地”之中。

还有一个贪官，在任期间对老百姓敲骨吸髓，把当地的财物搜刮得一干二净。到离任之时，再没什么可搜刮的了。但是他并不甘心，于是找来一把折扇，把当地优美的山水全部画到扇子上，以便离任之后能随时欣赏。就在贪官离任之时，百姓编了四句诗送给他。是这样写的：“来时萧索去时丰，官币民财一扫空；好山好水移不去，临行写入画图中。”这个贪官的形象于是就被惟妙惟肖地描绘了出来。

而在五代后晋时的宋州节度使赵在礼，在任上一样是弄权牟利、强征苛敛，最后让宋州百姓民不聊生、怨声载道。当他离任时，乡民在衙门上贴了一副对联，以示“欢送”。对联写着：“早去一天天有眼，迟去此地地无皮。”可见，百姓对此贪官的厌恶。

一个好官治理一方天地，就造福一方百姓，一定要留下一个好一点的政绩，并交接好工作，得到老百姓的好评。

原文

人无全德，亦无全才。所治官事必不能一无过举，且好恶之口，不免异同。去官之后瑕疵易见，全赖接任官弥缝其闪失。居心刻薄者，多好彰前官之短，自形其长。前官以迁擢去，尚可解嘲。若缘事候代，寓舍有所传闻，必置身无地。夫后之视今犹今之视昔，不留余地以处人者，人亦不留余地以相处。徒伤厚德，为长者所鄙。（《学治臆说》）

译文

人无全德，也无全才。所处理的公事一定不可能挑不出一点过错，况且人们好恶的标准难免有所不同。离任之后，瑕疵很容易发现，全凭接任者弥补他的闪失。居心刻薄的人，太多喜欢揭露前任的短处，来比较出自己的长处。假如前任是因升迁而离职，那还可以聊以解嘲；如果是因为有事等候补缺，在住处听到这些传闻，一定会觉得无地自容。后来的人看现在的人，就像现在的人看过去的人一样。如果我们和人相处，不给别人留一点余地，别人也不会为我们留任何余地。这样做只能是损害了自己的忠厚品德，而被有德行的人所鄙视。

解读

这里虽然讲的还是离任时，官员之间的交接问题，但提到的却是为自己“留一点余地”的问题。因为作为人来说，总会有出错的时候，所以在与同僚相处时，就要为自己的以后留一点余地，为自己离任时做好准备。

案例

孟尝君狡兔三窟

金无足赤，人无完人，一个人总是有可能出错，所以需要有其他人来指出问题，帮助自己，在官场更是如此，会不断地面临调职、离任等情形，所以，和同僚相处，就要给别人留一个台阶，给自己留一点余地。

就如同狡猾的兔子那样，找好几个藏身的窝。做事留有余地，具有多种应变能力。

战国时齐国有一个贵族叫孟尝君，他承袭父亲田婴的封爵，被封于薛地，人称薛公，是战国四公子之一。当时他在齐国担任相国，门下有数千名食客。他曾联合韩国和魏国，大败了秦、燕、楚三国，因此声名远播，威震一方。

当时孟尝君门下有个食客名叫冯谖，他就是一个城门守卫出身，没有任何的名望，却多次跟孟尝君提出过分的要求，但孟尝君每一次都满足了他。

有一次，孟尝君跟门客们询问，看谁能替他到薛地去收债，冯谖这次自告奋勇接受了这个任务。临行的时候，他问孟尝君："您希望我买些什么回来呢？"孟尝君随口说："先生看我这里缺什么就买什么吧！"

于是冯谖去了薛地，他到那儿之后，就把百姓们欠债的借据全都烧毁了，还跟他们说这全是孟尝君的命令，于是百姓对孟尝君感恩戴德。

当孟尝君得知此事之后，他觉得这个冯谖没有经过自己的同意就擅自做主。非常的生气，问他为何如此，冯谖说："相国，我发现您什么都不缺，但是就缺一个'义'字，所以，我就以相国的名义将百姓们所有的债契都烧了，为您把'义'买了回来。"

孟尝君听了之后，很不高兴，渐渐疏远了他。

过了一年之后，孟尝君遭人诽谤，被齐王免除了相国的职务，于是他只好回到薛地去。当薛地的百姓知道这个消息后，出城一百多里前来迎接。孟尝君此时才知道冯谖给他买的"义"是何等的珍贵。于是向冯谖道歉，请求赐教，冯谖对他说："公子，您应该听说过兔子的故事，那些聪明的兔子都有三处洞穴，只有这样才能免于猎人的猎杀和猛兽的追捕。如今您只有一个洞穴，一定不能高枕无忧，让我帮您再去找两个洞穴吧。"

于是，孟尝君按冯谖的要求，又给了他五十辆车子、五百两黄金，前往魏国。冯谖见到魏王后就开始讲述孟尝君的故事，说他才识出众，受百姓爱戴，让惠王深感孟尝君是个有才之人，便马上派使臣去齐国请孟尝君来魏国当相国。当齐国听到这个消息之后，十分担心孟尝君为别国效力，于是恢复孟尝君相国的职位，还亲自向他谢罪。这样，冯谖为孟尝君凿成了第二“窟”。

之后，冯谖又建议孟尝君向齐王请求赐给自己先王的祭器，以便在薛地建造宗庙供奉。这样一来，齐王就会重视薛地，派重兵来保护，那么薛地在齐国的地位就非同寻常了。宗庙在薛地建成后，冯谖对孟尝君说：“我为公子建造了三个洞穴，今后您可以高枕无忧了。”

在得势之时，做好万全之策来应变离任之后的变化，这是每个为官者需要认真谋划的事情，只有给自己留有余地，才能周转其中，灵活应变。

原文

宁人负我，无我负人，此待己之道也。天下之善不必己出，此待人之道也。能行斯二者，于道其庶几乎。(《三事忠告》)

译文

宁可别人背弃我，我也不能背弃别人，这是对待自己的原则。天下的好事不一定都是自己做的，这是对待别人的原则。能做到这两点，大概可以算作遵循道义了。

解读

说到同僚相处，讲求敬、讲求礼、讲求情、讲求原则。但这里要说的还是要对自己提出高的标准。曹操虽说："宁人负我，宁我负人。"但这里要说的是"宁人负我，无我负人"的思想，是要求同僚之间从为别人想想，这样要求起来，如果每个人都这样做，那么许多事情就好办多了，这就是道义，知道大家都是休戚与共的，只有彼此团结，才会出现好的政局，才会获得一个太平盛世。

案例

曹参当相

同僚相处，要想将事情做好，就需要一起努力，休戚与共，有时，就算有人负你，为了大局，也需要容忍，而在关键时刻，还是能摒弃私念，一心为公。

大汉王朝的建立离不开刘邦在沛县的一帮兄弟，其中萧何与曹参二人，可以说是最主要的功臣。他们两人友好相处了数十年，中间也曾发生过“过隙”，但最后一死一生见真情。他们二人为了大汉的兴旺，彼此团结。

萧何年轻时与曹参一起在沛县做一个小县吏。秦朝末年，陈胜、吴广率先发动反秦起义之后，刘邦也想顺应大势加入反秦起义。萧何和曹参认为刘邦能主持起义大事，力劝沛县县令和已经在外地拉起一支起义军的刘邦合作，一起发动起义。沛县县令一开始答应萧何和曹参的请求，但后来又改变了主意，拒绝刘邦的军队进入沛县县城，还打算杀掉萧何和曹参。萧何和曹参得知后，于是逃到城外，投奔了刘邦。最后沛县的民众听从刘邦劝告，杀了沛县县令，拥立刘邦为首领，发动了反秦起义。从此，萧何和曹参便一直追随刘邦打天下。

萧何长年主持行政事务，曹参则长年领兵在前线进行作战，虽然萧何与曹参同是沛县反秦起义的发动者，但后来两人却不相和睦。

在西汉建立之后，萧何长期担任丞相职务，后来，萧何年老生病，生命垂危。汉惠帝亲自来到萧何的床前探视病情，问萧何说：“在您百年之后，谁可以替代您当宰相呢？”萧何回答说：“了解臣下的莫过于君主。”汉惠帝问：“您觉得曹参怎么样？”萧何向汉惠帝叩头说：“陛下您选定了最好的人选！我死而无憾！”萧何对此没有半句微词。

在萧何去世后，汉惠帝马上任命曹参担任丞相。曹参当时采用无为而治的治国理念，主持天下的政务，也都基本沿用萧何生前主持制定的法令制度，没有进行变更，这就是后世所谓的“萧规曹随”。

萧何之所以选择自己的老冤家曹参当了丞相，这也是因为对他的才干有非常准确的认识，他知道曹参的才干足以担当大任，因此，虽然他与曹参不睦，但却没有因私而废公，而是出以公心，认定曹参是继自己之后担任相国职务的最佳人选。

而曹参治国之后，也没有改变萧何的治国理念，虽然没有什么轰轰烈烈的作为，但还是将国家治理得井井有条，使国家保持了安定繁荣的局面。萧何没有看错曹参，曹参也没有辜负萧何，他们没有私心，为公，才会出现好的政局，获得大汉太平盛世。

忠奸卷

第六

原文

违上顺道，谓之忠臣；违道顺上，谓之谀臣。忠所以为上也，谀所以自为也。忠臣安于心，谀臣安于身。故在上者必察乎违顺，审乎所为，慎乎所安。(《申鉴》)

译文

违背君主但遵循王道，这叫作忠臣；违背王道但顺从君主，这叫作谀臣。忠臣是为君主的，谀臣是为自己的。忠臣为的是内心满足，谀臣为的是身体满足。所以位居上位的君主一定要辨别清楚违背和顺从之间的关系，认真考察臣子的所作所为，审慎地判断他们以什么为满足。

解读

所谓的忠奸，就是看他做事情是为了自己还是为了国家。为了国家的就是忠心之人，而只为自己考虑的就是奸臣。所以不要用是不是顺从自己为判别忠奸的标准，而要以是不是为国家的长远大计考虑为准则。

案例

比干剖心与杨国忠之奸

为人臣者不可无才，亦不可无德，但两者皆有却无忠心也是枉然。忠臣往往会得到百姓的爱戴，流传千古，而奸臣虽身着富贵，但得到的却是世人唾弃。

商朝丞相比干自幼聪明好学，20 岁就成为太师，辅佐帝乙，后来又受托辅佐帝辛（纣王）。比干从政 40 多年，主张减轻赋税徭役，鼓励发展农牧业生产，提倡冶炼铸造，富国强兵。他尽心尽力地辅佐纣王，对于商朝可谓是鞠躬尽瘁死而后已。比干向来以死进谏，不惜以死抗争，正是这样的品质最终导致比干被纣王挖心。

纣王是一个暴君，他在位期间，荒淫无度，政事荒废。为此比干多次向纣王进谏，但纣王表面听从，其实早就厌恶比干，想除之而后快。比干的频繁进谏直言，换来的是纣王更加荒淫无度。

比干痛斥纣王杀皇后、诛大臣，直指纣王的暴政，纣王自觉理亏，无言以对，比干罗列纣王的条条罪状，引起纣王的勃然大怒，终决定杀之而后快。于是，纣王命人剖开比干的肚子、取出心肝，就这样“亘古第一忠臣”被纣王杀害。

比干已经化作一抔黄土，但比干不畏权贵、以死进谏，忠心为国的故事却流传至今。

下面来看下唐朝大奸臣杨国忠。

唐玄宗专宠杨玉环之后，杨氏家族可谓一人得道鸡犬升天，她的族兄杨国忠凭借着这层关系和巧为钻营飞黄腾达。为了升官升值，杨国忠攀权附贵，在宫内巧设名目接近贵妃，侍奉玄宗，投其所好。在朝廷，巴结权臣，阿谀奉承，最终身兼 40 余职，升任宰相，使得朝廷上下一片腐败。杨国忠漠视民众疾苦，关中地区连续发生水灾和严重饥荒。玄宗担心会伤害庄稼，杨国忠却挑选好的庄稼给玄宗看，并说：“雨水虽多并未伤害庄稼。”玄宗听信于他，至此之后凡奏报当地水灾，没有人敢汇报实情，皆以假象蒙骗。导致百姓贫苦，民不聊生。杨国忠独揽大权，穷奢极欲，民怨沸腾，导致强大的唐王朝一日不如一日。

忠君爱国如比干，奸恶如杨国忠，不论是为官为臣均应当把百姓放在心上，朝廷利益，国家前程置于首位。

原文

奸臣之败其主也，积渐积微，使主迷惑而不自知也。上则相为候望于主，下则买誉于民。誉其党而主尊之，毁不誉者而使主废之。其所利害者，主听而行之，如此，则群臣皆忘主而趋私佼矣。(《管子》)

译文

奸臣败坏君主，都是慢慢地由细微处累积而成，使君主迷惑而自己不能察觉。对上多方观察君主，对下向人民收买名誉。夸赞同党让君主重视，诽谤不夸赞的人让君主废黜。想得到对他们有利的，除去对他们有害的，君主都听从并实行。这样，群臣就全都忘掉君主而发展私交了。

解读

奸臣总是喜欢组成一个小圈子，为这个小圈子而服务，并通过这个小圈子为自己谋私利。他们最大的坏处就是做了一个坏的榜样，使群臣都发展自己的小圈子，从而形成朋党相争，朝政不稳。

案例

十常侍乱政

朋党相争祸害的不仅是朝廷、君主，更会危害百姓人民的利益，所以君主、官吏要严于要求自己，不组织势力集团，更不要陷入势力集团的陷阱。

东汉末年为了抗衡外戚，君主培养一大批宦官，久而久之导致宦官专权。灵帝时把持朝政的张让、赵忠、夏恽、郭胜、孙璋、毕岚、栗嵩、段珪、高望、张恭、韩悝、宋典等十二个宦官，他们都任职中常侍，人称“十常侍”，他们的首领张让尤为甚，张让从一个微不足道的太监，逐步升到太监首领中常侍。

对于灵帝，张让等人玩于股掌之上，从不把皇帝放在眼里，懦弱的灵帝称“张常侍是我父，赵常侍是我母”。为麻痹灵帝，在他的主张下，宫内建立专供灵帝淫乐西苑，设“裸游馆”。

对于朝廷，以张让为首的十常侍宦官集团，颠倒黑白除异己，捏造罪名杀朝臣。除此之外，张让率领十常侍横征暴敛，卖官鬻爵，独霸朝纲，权倾天下。张让怂恿灵帝刘宏设立“四园卖官所”，公开卖官。在朝廷他为所欲为，搜刮财物，他的官邸比皇宫还豪华数倍。

对于百姓，他们的父兄子弟遍布天下，占据各州郡的官职，敛财牟利，横行乡里，祸害百姓，无官敢管。

十常侍的暴行终于引起以何进为首的外戚集团不满。张让又先下手为强，诱杀何进，导致京师卫军变乱，杀尽宫中几千太监。此时的东汉人民也不堪剥削、压迫，纷纷起来反抗。当时一些比较清廉的官吏，明辨是非忠奸，看穿宦官集团的黑暗腐败，引导农民起义。历史上有名的黄巾起义就是外戚宦官专权逼出来的，张角所以能兴兵起义，万人之所以随从，其源皆由十常侍专权引起。

百姓集聚的怨恨无所爆发，最终导致起义，民乱四起。东汉王朝也江河日下，最终衰亡。

这就是历史上有名的十常侍乱政，像他们这样聚集谋乱的团伙在每个朝代都有。为君者要明智于心，打击集群团伙；为官者要忠于直谏，敢于与黑暗势力做斗争。

原文

古人臣以身事主，守土膺疆。或遇蟊贼潜生，豺狼勃起，则捐躯矢志，取义成仁，而其激烈慷慨之气间发为文辞。虽质直无华，后世论录，终有不可泯者，以其出于忠义之诚，本乎性情之正也。(《画壁集序》)

译文

古代做臣子的人用自身的一切侍奉君主，守卫国土，担负着保卫边疆的重任。有时遇到国贼暗中滋生，豺狼突然作乱，他们可以献出生命，保持自己的气节，取义成仁，激烈慷慨的情怀有时表现在文字当中。他们虽然质朴无华，但后代文献记载当中，最终不会泯灭的原因，是因为他们有发自内心的忠诚，刚正不阿的性格。

解读

忠臣所具有的品格是中华民族最宝贵的品格，比如为了真理可以舍生取义，杀身成仁。历史正是有了这些忠臣的支撑才显得有血有肉，也使历史显得厚重。为官之人一定要有此心，行此事，方不妄为官一任。

案例

苏武牧羊

为臣者坚守忠义，内心需要强大的忠君爱国节气引导，更需要抵挡诱惑的果断，还需要一颗历经磨难仍痴心不改的决心。

汉朝版图辽阔，但是北方的匈奴经常偷袭边疆，造成两方常年交战。势力薄弱的匈奴最终臣服汉朝，派使节向汉朝朝贡，汉武帝决定派苏武向匈奴回礼。苏武一行人到达后正遇上了匈奴内部争斗，他和部下受牵连，被匈奴扣押，未能回去。

刚开始单于以高官厚禄说服苏武归顺，哪知苏武忠君爱国，无论单于怎么劝说被苏武断然回绝了。恼羞成怒的单于，决定用酷刑，一怒之下把苏武丢进一个深坑里。寒冬腊月，天上飘着鹅毛大雪，地上覆盖着厚厚的积雪，而苏武没有御寒的棉被，更没有食物，冷了不断摩擦自己，口渴了就地喝口雪，饿了就从身上撕下一块羊皮袄吃。就是在这样的折磨下苏武也没有归顺匈奴。

单于软硬兼施都不能打动苏武，被苏武的忠贞所感动，不忍杀害苏武，但他又不想放他回汉朝，就把他流放到北海，并对苏武说："如果你能让公羊生出羊羔就放你回去。"在人烟荒芜的北海，苏武每天和羊群做伴，时时望着大汉的方向虔诚祈祷，希望有一天能回去。时间一天一天过去，羊群一代又一代地繁殖，而苏武也满鬓斑白。苏武常常摩挲着出使时的汉节，就像是见到汉朝皇帝一样。汉节从来没有离开过他的手，节上的毛早就已经脱落了，完成出使匈奴任务的使命感和忠于汉朝的气节，始终在支持着他一定要活着回去。

苏武就凭着这股坚忍不拔的毅力，在北海艰难地活下去，希望有朝一日，能重见曙光，返回大汉的国土。

十九年之后，汉朝跟匈奴开始和亲了，苏武终于能够回到故乡，十九年前由一百多人组成的声势浩大的使团，现在只剩凄冷的九个人，而就连当时流放他的单于也已经去世，汉武帝也已归天。

苏武得到了天下人对他的敬仰，不但是在汉朝，在匈奴也赢得了尊敬。苏武的忠义精神真的是空前绝后、光耀千古。这种绵延不绝的力量，正是源于他心中生生不息的浩然正气。

原文

人臣之论：有态臣者，有篡臣者，有功臣者，有圣臣者。内不足使一民，外不足使距难，百姓不亲，诸侯不信，然而巧敏佞说，善取宠乎上，是态臣者也。上不忠乎君，下善取誉乎民，不恤公道通义，朋党比周，以环主图私为务，是篡臣者也。内足使以一民，外足使距难，民亲之，士信之，上忠乎君，下爱百姓而不倦，是功臣者也。上则能尊君，下则能害民，政令教化，刑下如影，应卒遇变，齐给如响，推类接誉，以待无方，曲成制象，是圣臣者也。故用圣臣者王，用功臣者强，用篡臣者危，用态臣者亡。态臣用则必死，篡臣用则必危，功臣用则必荣，圣臣者必尊。（《管子》）

译文

臣子有以下几个类别：有态臣，有篡臣，有功臣，有圣臣。对内不能靠他来统一民众，对外不能靠他去抵御患难；百姓不亲近他，诸侯不信任他；但是他灵巧敏捷、能说会道，善于从君主那里博得宠幸，这是态臣。上不忠于君主，下善于在民众中骗取声誉；不顾有利于公家的原则和普遍适用的道义，拉党结派，互相勾结，把封锁蒙蔽君主、图谋私利作为自己的主要事务，这是篡臣。内可以靠他来统一民众，外可以靠他来抵御患难；民众亲近他，士人依赖他；上忠于君主，下爱护百姓而不懈怠，这是功臣。上能尊敬君主，下能爱护百姓；对政策法令和教育感化，他如影随形马上给下民做榜样；应付突发事件、对待事变，他就像回声一样敏捷迅速；推论类似的事物、综合对照同类的东西，用这种方法来对付变化无常的情况，他的举措处处能成为准则榜样，这是圣臣。所以任用圣臣就能称王天下，任用功臣就会强盛，任用篡臣就会危险，任用态臣就会灭亡。态臣被任用，君主就一定会丧命；篡臣被任用，君主就一定会危险；功臣被任用，君主就一定会荣耀；圣臣被任用，君主就一定会尊贵。

解读

人分三六九等，所以臣子也是各式各样的，这里提到的态臣和篡臣就属奸臣，他们对朝政来说，是逆势力。如果这样的臣子多的话，国家就危，君主就险。同样如果功臣和圣臣多的话，国家就兴，君主就成为明君。朝政中不可能都是功臣和圣臣，但其比例一定要多，否则朝政就会走上邪路，成为某些坏人的朝廷。

案例

指鹿为马

一个国家少不了各种辅政的臣子，用好臣国家则内外皆安，用坏臣则内忧外患。臣子的好坏决定着国家的前途命运，所以为人臣者要效忠朝廷，不结党谋私，为君者要任用良臣，勤政爱民。

秦国历经秦始皇的统一之后，朝政已是金玉其外败絮其中，秦二世上位后国势一日不如一日，朝廷上下一篇昏暗，奸臣当道。奸臣尤属丞相赵高野心勃勃，他对皇位垂涎三尺。但朝中还有一些忠臣，为了分辨哪些人向着他，哪些人背着他，于是赵高想出了一个阴招，这样一来，他不仅可以检测出反对他的人，还可以在朝中树立威信。

第二天朝堂之上，赵高不是一个人来的，身后还牵有一只鹿。只见他趾高气扬地对秦二世说："陛下，老臣进献一匹千里马。"秦二世心想：这明明是一只鹿，怎么会是一匹马。但碍于赵高的势力又不敢反驳。只是略带质疑地说："它长得很像一只鹿，怎么是马呢？"只见赵高义正词严地说："陛下看清楚了，这的确是一匹千里马。"秦二世又看了看那只鹿，将信将疑地说："马的头上怎么会长角呢？"赵高怒转身，指着众大臣，大声说："陛下如果不信我的话，那听听众位大臣的回答。"

大臣被赵高的狡辩吓得不敢抬头，都不知道他葫芦里卖的什么药。其实是鹿是马众大臣心知肚明，碍于赵高的势力，都默不作声。赵高脸上露出得意阴险的笑容，眼睛微微眯着，把群臣扫视一遍，看得众人心里发慌。大臣们终于明白了赵高的用意，趋炎附势之辈立即附和道:“这的确是马。”至于那些对秦国稍有忠心的人则嘀咕，怎么会是马?

事后，赵高把附和他的人趁机拉拢，对于不顺从他的人纷纷治罪，甚至满门抄斩。于是，偌大一个朝廷，成为了奸臣的朝廷，天下成了奸臣的天下。

为人臣不易，为人忠臣更不易，在黑暗的朝政中坚持己见，忠心不改，更难能可贵。对于奸佞小人，君臣一心则无所畏惧。

原文

鲁阳文君谓子墨子曰:“有语我以忠臣者，令之俯则俯，令之仰则仰，处则静，呼则应，可谓忠臣乎？”子墨子曰:“令之俯则俯，令之仰则仰，是似景也；处则静，呼则应，是似响也。君将何得于景与响哉？若以翟之所谓忠臣者，上有过，则微之以谏；己有善，则访之上，而无敢以告外。匡其邪，而入其善，尚同而无下比，是以美善在上，而怨雠在下；安乐在上，而忧戚在臣。此翟之所谓忠臣者也。”(《墨子》)

译文

鲁阳文君对墨子说:“有人把忠臣的样子告诉我：叫他低下头就低下头，叫他抬起来就抬起来；平常静静地待着，一呼叫马上答应。这可以叫作忠臣吗？”墨子答道:“叫他低下头就低下头，叫他抬起来就抬起来，这好像影子；平常静静地待着，一呼叫马上答应，这就好像回声。你将从影子和回声那里得到什么呢？我所说的忠臣却应该是这样：国君有过错，就寻找机会加以劝谏；自己有好的见解，则上告国君，不敢告诉别人。匡正国君的偏邪，使他纳入正道，崇尚和君主保持一致，但不在下面结党营私。因此，美善存在于上面，即使有怨仇存在于下面，安乐归于国君，忧戚归于臣下。这才是我所说的忠臣。”

解读

忠臣不是顺臣，忠臣心中有原则、有公道，不能君主说什么就是什么，让做什么就做什么，要以道义为准绳。当君主不听从，走入邪路，就要敢于进谏，敢于君主纳于正道，即使君主不乐意，也要这样做。

案例

丙吉冒死进谏

什么样的臣子才能算是忠臣？是那种百依百顺、俯首帖耳的，还是那种坚持公道原则、敢于直言上谏的？这就看君主的品行和能力了，真正的忠臣是能为了原则敢于拔君主胡子的人。有些人甚至能为此失去生命，以求忠心不贰。

在汉武帝时代，国富民强，文治武功，是中国历史上有名的兴盛朝代。但是在武帝末年发生了一件祸事，叫作“巫蛊之乱”。

当时武帝被江充、苏文等佞臣蒙蔽，听信诬告说皇后卫子夫、太子刘据，说他们使用巫术去陷害别人，并把它埋在地底下，其实是想嫁祸于皇后跟太子。最后太子觉得情况不妙，就起兵杀了这些蛊惑之人，杀了这些欺骗皇帝的江湖术士。

但是看到太子的举动之后，汉武帝以为太子要造反，于是将太子还有太子身边亲近之人统统都关起来，整个汉室家族变得非常混乱。汉武帝正好在气头上，打算将监狱里面的人统统杀了，这是杀自己家的人。

当时太子在襁褓中的孙子刘询也关在狱中，而他就是后来的汉宣帝。当时有个大臣叫丙吉，他是处理这件事情的审判官，他不想将刚出生的宣帝交出去。但是汉武帝已经派人来要人，丙吉虽然知道汉武帝如今被气昏了头，但他是非常有正气的忠臣，他冒着被砍头的危险跟来人说：“对于没有罪的人，我们都不应该杀他，更何况这个人还是皇上的亲人。”

来的人就把此话带回去给汉武帝。汉武帝听到后如梦初醒，大赦了这些还没有被杀害的人。所以，丙吉以死进谏，因为皇帝在气头上的时候，他很有可能受到株连。

后来汉宣帝即位，但是丙吉从来没有再提这件事。有人问他，他说：“以前读书人觉得我这么做，‘杀身成仁，舍身取义’，是为了什么？绝对不是为了我如今去捞点什么好处，而是需要遵循圣贤人的教诲，能够时时为人民、为国家，还有对得起自己的良心。”

丙吉就是这样，没有和当时的佞臣一样，君主怎么说，他就怎么做，罔顾道义。他坚持公道，当君主不听从的时候，失去理智的时候，他就敢于进谏，这才是真正的忠臣。

原文

故当世之重臣，主变势而得固宠者，十无二三，是其故何也？人臣之罪大也。臣有大罪者，其行欺主也，其罪当死亡也。智士者远见而畏于死亡，必不从重人矣；贤士者修廉而羞与奸臣欺其主，必不从重臣矣。是当涂者之徒属，非愚而不知患者，必污而不避奸者也。大臣挟愚污之人，上与之欺主，下与之收利侵渔，朋党比周，相与一口，惑主败法，以乱士民，使国家危削，主上劳辱，此大罪也。(《韩非子》)

译文

所以当代的手握重权的大臣，在君主的政治情势改变的情况下而仍能保持被宠信的，十个中还不到两三个。这是什么原因呢？因为这些臣子的罪行太大了。有大罪的臣子，他们的行为是欺骗君主的，他们的罪行是应当被处死的。聪明的人看得深远，怕犯死罪，必定不会跟从手握重权的大臣；品德好的人洁身自爱，耻于和奸臣共同欺骗君主，也必定不会服从手握重权的大臣。这些执掌大权的人的门徒党羽，不是愚蠢而不知祸害的人，就一定是腐败而不避奸邪的人。大臣挟持愚蠢腐败的人，对上和他们一起欺骗君主，对下和他们一起掠夺财物，结帮拉派，串通一气，惑乱君主，败坏法制，以此扰乱百姓，使国家危殆受侵、君主忧劳受辱，这是大罪行。

解读

对有重权之人一定要提防，特别是明智的大臣，不要与其交结在一起，否则如果其被惩处之时，定会牵连到自己。况且他们行的也不是什么光明大道，与国家与君主只有害处，没有好处，所以此时一定要洁身自好。

案例

举世皆浊而吾独清

自古以来，几乎每个朝代都会出现一些弄权误国的权臣奸吏，他们拉帮结派，对上欺骗君主，对下压迫百姓，排挤同僚。让那些洁身自好的人无置身之地，逼入绝境之间。

在战国时期，楚国可以说是南部的大国，一直与齐国交好，共同抗秦。在楚怀王期间，国力强盛，当时屈原受楚怀王信任，任左徒、三闾大夫，常与怀王商议国事，参与法律的制定，主张章明法度，举贤任能，改革政治,，提倡“美政”，使楚国一度出现了威震诸侯的局面。

但是由于屈原为人性格耿直，不与小人同流合污，而且一直被以公子子兰为首的一班贵族嫉恨，同时他在修订法规的时候，不愿听从上官大夫的话与之同流合污，再加上上官大夫靳尚和他的宠妃郑袖等人常常在怀王面前说他的坏话，他们接受秦国使者张仪的贿赂，不但阻止怀王接受屈原的意见，还诬陷屈原夺断专权，根本没有把怀王放在眼里。挑拨的人多了，怀王对屈原渐渐疏远。当时因为齐楚连盟，所以秦国一直不敢有什么动作。秦朝的相国张仪认为在六国中，只有齐楚两国最强大，只要离间这两国，六国就是一盘散沙。于是他亲自去离间，拆散六国联盟。

公元前305年，屈原反对楚怀王与秦国订立黄棘之盟，但楚国还是和秦国交好。屈原被楚怀王逐出郢都，开始了流放生涯。楚怀王在子兰等人的极力怂恿下被秦国囚禁起来。

楚顷襄王即位后，屈原继续受到迫害，放逐到江南。他常常一边走，一边吟唱着楚国的诗歌，心中牵挂着国家大事。有一天，屈原来到了湘江边。碰见了一个渔夫，那个渔夫惊讶地问：“你不就是屈大夫吗？为何落到这般地步？”屈原叹息道：“如今整个世道都如同这江水一样浑浊，只有我还像山泉一样清澈见底。”渔夫故意说：“您说世道浑浊，那您为何不去搅动泥沙，推波助澜？何必如此洁身自好，落得这么个下场。”屈原说：“我听说一个人洗净头后戴帽时，会先弹去帽上的灰尘；洗澡后穿衣，先要抖直下衣服。我怎么能让自己洁净的身躯被那些脏物污染呢。”渔夫对屈原正直和高尚的品格十分敬佩。

公元前278年，秦国大将白起带兵南下，攻破了楚国国都，屈原对前途感到绝望，虽有心报国，却无力回天，只得以死明志，就在汨罗江自杀。

原文

国有擅主之臣，则群下不得尽其智力以陈其忠，百官之吏不得奉法以致其功矣。何以明之？大安利者就之，此人之情也。今为臣尽力以致功，竭智以陈忠者，其身困家贫，父子罹其害；为奸利以弊人主，行财货以事贵重之臣者，身尊家富，父子被其泽；人焉能去安利之道而就危害之处哉？治国若此其过也，而上欲下之无奸，吏之奉法，其不可得亦明矣。（《韩非子》）

译文

国家有了控制君主的大臣，其他臣子就不能充分发挥智慧和力量来进献忠心，各级官吏也不能奉行法制来建立功绩。凭什么明白这些？安全有利的就去追求，危险有害的就要避开，这是人之常情。现在臣下尽力来建功，尽心来效忠的，结果自身困窘而家庭贫穷，父子都遭受祸害；行奸营利去蒙蔽君主，广施贿赂去投靠达官重臣的，自身受人尊崇，家庭富裕，父子都得到好处；人怎么能离开安全有利的大道而走向危险有害的地方呢？治国到了这么错误的地步，而君主希望下面没有奸邪，官吏遵守法令，不能办到也就是很明白的了。

解读

韩非子深通人之心理学，权臣的厉害之处，就是让人心都往他那里去，否则就会危险，而大臣们为了避祸，也不得不投靠达官重臣，这样君主就危险了，仁途险恶正在于此，而身在其中的大多数臣子不过是随波逐流罢了。

案例

严嵩弄权

一个国家如果在忠臣的手中掌管着，那么就可能政令畅通，如果奸臣当道，那么其他的大臣都没有发言的机会，怎么去治理政务呢。权臣四处弄权，统一人心，容易结成党派，那么皇帝的权力就有可能架空，整个朝廷都形同虚设。

在明朝有一个大权臣严嵩，最初只是翰林院的一名小官。并没有什么大的才干，最拿手的就是溜须拍马，阿谀奉承，得到了明世宗的青睐。后来升任武英殿大学士，礼部尚书，手中掌有重权，不久又升任首辅。

当时严嵩的儿子严世藩仰仗着严嵩的权势步步高升，当了工部侍郎，也深受明世宗的喜爱，所以在当时的朝廷中流传着这样的一句话：皇帝一天不能没有严嵩。

严嵩父子就倚仗权势，四处受贿敛财，名目层出不穷。当时有一个被免了职的军官为了官复原职，花了很多银子来贿赂严嵩父子。于是严嵩利用手中的大权，命他为总兵。

还有一个因为贪污被免职的工部主事，大肆贿赂严嵩，后来不仅仅再次入朝为官，而且成为了严嵩的党羽。

当时朝中凡是贪赃枉法之人，都能通过贿赂严嵩而免遭处罚，最后还成为严嵩的爪牙。而对于那些和严嵩父子对立的官员，大都遭到诬陷和迫害。

严嵩父子贪污腐化狼狈为奸，在皇帝面前搬弄是非铲除异己，这些引起很多官员的气愤，但是皇帝昏庸，大部分人只能敢怒不敢言。那些揭露严嵩父子罪状的人，不但没有得到处理，反而会受到处罚。

有一次，兵部员外郎杨继盛上奏皇帝揭发了严嵩的十大罪状：营私舞弊、贪财受贿、重用奸臣、贪污军饷、勾结党羽、扶持儿子掌握重权等。严嵩反而能欺骗住皇帝，大肆陷害杨继盛。后来杨继盛被处以杖刑投入大牢，最后被杀害。

严嵩为了使自己大权独揽，不断地陷害身边大臣。夏言曾经和他一样是当时内阁首辅，就是因为夏言在皇帝面前多次举荐徐阶。所以徐阶逐渐受到皇帝的宠幸。严嵩觉得夏言威胁到自己的地位，于是在皇帝编造谎言，最后夏言被严嵩诬陷致死。然后又打算对付徐阶，徐阶当时只能采用退让战术，事事让步，对严嵩极力巴结，还将孙女嫁给严嵩的孙子。经过长时间的忍耐及百般的讨好，严嵩终于消除了对徐阶的戒备。最后徐阶完全掌握了大权，深受皇帝的器重和信任，使严嵩陷害徐阶的计谋多次失败。

徐阶开始搜集严嵩的多条罪状，于是皇帝也想处理严嵩。但是严嵩毕竟跟随皇帝二十多年，还是有一定的感情基础，所以皇帝最后只是免去了严嵩内阁首辅的职务，将严嵩关进了大牢。

在严嵩被抄家之后，发现严嵩家的财产可以与皇帝相比，金银珠宝不计其数，严世藩曾经自夸朝廷都没有我富有。他家在转移大部家财之后，还有黄金三万多两，白银二百多万两，珠宝玉器价值数百万两。

严嵩在朝中专横二十多年，位高权重，陷害大臣，收受贿赂，贪污腐化等，最终落魄病死，落下一个“奸臣”的称号。

原文

故恒言皆以分别君子小人为要。而鄙论则谓天下无一成不变之君子，亦无一成不变之小人。今日能知人能晓事，则为君子。明日不知人，不晓事，则为小人。寅刻公正光明，则为君子；卯刻偏私晻暧，则为小人。故群毁群誉之所在，下走常穆然深念，不能附和。(《曾胡治兵语录》)

译文

俗语里都认为分辨君子和小人最为重要。可我的观点是天下没有一成不变的君子，也没有一成不变的小人。今天能识别人，能明白事理，就是君子。明天不能识别人，不能明白事理，就是小人。寅时公正光明，就是君子；卯时偏私昏暗，就是小人。所以大家共同诋毁和共同赞扬的声音集中的地方，我常常深深地思考，不能随意附和。

解读

这里告诉我们，人是会变化的，在朝廷里的大臣也是，也许在低位时，他是谦谦君子，但等到了高位，他就像变了一个人，成为权臣，组成自己的圈子，打击异己。所以要辩证地看一个人，不要轻易下定论是君子还是小人。

案例

裴矩之变

有的时候，同为一个人，在不同的时期，在不同的环境下，就会有不一样的表现，可见人是变化的，而做臣子的，在不同的君王面前，也会扮演不同的角色；在昏君手下，可能会是一个佞臣，而到了明君手下，又变成了一个良臣。所以，不要轻易给人定性。

在隋末唐初，就有一个这样的官员，他既有文才，又有干才，他首先在隋炀帝杨广手下为臣，善于阿谀奉承，出了不少祸国殃民的坏主意，是一个大佞臣；但是降唐之后，他却变成了忠直良臣，成为唐太宗李世民手下的重要谏臣。这个人就是裴矩。

在隋朝时，裴矩曾向隋炀帝建议，邀请西域各国到东都洛阳参观天朝盛威。于是，在洛阳搞百戏展，光乐队就有一万八千余人，整整延续了一个月，花费巨大。而且还让外来者白吃白喝，说“中国丰饶，酒席例不取值”。而就在他导演这出“盛世”天朝大戏之时，长安一带百姓受饥，流离失所，人畜多有饿死。他的很多朋友都对他避而远之。

然而，令人惊讶的是，这个隋朝佞人裴矩，在隋亡之后归附了唐朝，成了唐初良臣。唐太宗李世民登基之后，裴矩以民部尚书的身份上表，对遭受突厥暴践者给以抚恤，民众欣然。

而且李世民对官员的贪污腐败问题深恶痛绝，于是想出一惩治之法：钓鱼执法，密使左右用财物试探官员，果然有个门官上了钩。李世民大怒，下令处斩。就在此时，裴矩义正词严地谏言：“为吏受赂，罪诚为死；但陛下使人遣之而受，乃陷人于法也，恐非所谓‘道之以德，齐之以礼’。”

唐太宗听后觉得有道理，不愧为一代英主，当即“召文武五品以上告之曰：‘裴矩能当官力争，不为面从，傥每事皆然，何忧不治！’”把裴矩敢于当庭直谏的精神大大地表彰了一番。

裴矩在隋朝为臣时，因为隋炀帝杨广好大喜功，喜欢高大空的东西，不务实。所以为了取悦皇帝，他就不惜劳民伤财。到了唐朝，因为李世民是提倡说实话办实事，且善于听取不同意见的皇帝，所以，隋朝的佞人，在好皇帝面前，也能变成贤人良臣。这就是“君明臣直”。

司马光就此感慨道：“君明臣直，裴矩佞于隋而诤于唐，非其性之有变也。君恶闻其过，则诤化为佞；君乐闻其过，则佞化为诤。”裴矩的从政轨迹说明：人是会变化的，看人也要实事求是，不能一味地停留在自己的主观印象中。

原文

昔人有欲之官而恶其地之瘴者，或释之曰："瘴之为害，不特地也，仁亦不瘴也。"急催暴敛，剥下奉上，此租赋之瘴；深文以逞，良恶不白，此刑狱之瘴；侵牟民利，以实私储，此货财之瘴；攻金攻水，崇饰车服，此工役之瘴；盛拣姬妾，以娱声色，此帷薄之瘴也。有一于此，无间远迩，民怨神怒。无疾者必有疾，而有疾者必死也。昔元城刘先生处瘴海，而神观愈强，是知地之瘴者，未必能死人。而能死人者，常在乎仕瘴也。虑彼而不虑此，不亦左乎！故余具载其言，以为授官惮远避难者之戒。(《三事忠告》)

译文

从前有一个想去某地做官，但嫌那个地方的瘴气，有人给他解释说："瘴气的危害，不只是地上有，官场也有瘴气。"横征暴敛，盘剥下面进贡上面，这是租税方面的瘴气；想方设法套用法律条文给人治罪来达到自己的目的，善恶不分，这是刑罚方面的瘴气；侵夺牟取百姓利益，来充实自己的腰包，这是货物钱财流通方面的瘴气；从事金属和水方面的职业，装饰华美的车辆和礼服，这是工匠制造方面的瘴气。大量地挑选姬妾，使自己的耳目得到欢娱，这是家庭内部的瘴气。有其中的一项在此，不论相隔远近，一定是天怒人怨。没有病的人一定要生病，有病的人一定会死。从前元城刘先生住在瘴海，但精神和外观更加强健，由此可见地上的瘴气不一定死人，而死人的常常在于官场上的瘴气。忧虑那个而不忧虑这个，不是错误的吗？所以我详细地记下了他的话，来让被授予官职但害怕偏远躲避困难的人借鉴。

解读

为官当清廉，一心要为国为民，但许多官一进这个权力场，就会身不由己，仿佛进入瘴疠之地，没几年就一身“瘴气”，对下欺压百姓，对上阴奉阳违，这样的官场怎么能好？忠良之士身在这样的环境中，千万不能被此气所迷，一定要从自身做起，设法加以改变。

案例

大贪官和珅

很多人在读书时就立志有朝一日考取功名之后，一定做好官，但是进了官场之后，就如同进入了一个瘴疠之地，没多久就变成了贪官污吏，不忠于君，不亲于名，难道进入官场的人都会如此吗？又是什么样的原因让人放弃理想而堕落了呢？

在清朝有一个著名的官员和珅，几乎所有的人只要一听到他的名字就会说他是大贪官。但是，和珅最初也是一个有志好青年。

和珅自幼父母双亡，家庭贫苦，但是他一直努力读书，成功考上咸安官官学，和珅仪表俊雅，精通满、汉、蒙古、西藏四种语文，更精通四书五经。更得老师吴省钦、吴省兰器重。

和珅最初为官时立志要清廉为官一心报效国家，与朝中的清官一起打击福康安、福长安等贪污官员，更在二十六岁时就任管库大臣，管理国家的布库，他从这份工作中学习到如何理财，他勤勤恳恳地管理布库，令布的存量大增，就是他凭借他的这些才干，很快就得到了乾隆皇帝的赏识。

乾隆四十年，和珅升任为乾清门御前侍卫，兼副都统。最后又授户部侍郎，进军机处成为军机大臣，短短的几年时间，和珅清廉为官，勤奋好学，成为一位青年模范官员。

但是，官场中的一些陋习和弊端也慢慢地展现在他的眼前，当和珅就任侍郎的时候，有位叫安明的官员送礼给和珅，希望能够升为司务，所以向和珅贿赂。当时和珅以清廉作为当官的准则，当然没有接受贿赂，但他向安明保证一定会提拔安明。

乾隆四十五年，大学士兼云贵总督李侍尧涉嫌贪污，乾隆下御旨命和珅赴云南查办李侍尧。和珅取得了实据，最后迫使李侍尧不得不低头认罪。和珅也因此被提升为户部尚书。

在案件审结后，李侍尧被判斩监候。而在这次办案过程中，李侍尧很大一份财产被和珅私吞了，加上乾隆赐予的赏赐，和珅第一次尝到了掌握大权大财的滋味。

后来，和珅的长子丰绅殷德，被乾隆指定为十公主的额驸，备受乾隆皇帝的喜爱，朝里百官争相巴结，纷纷阿谀奉承，这让和珅有点飘飘然，他坚持不受贿赂，但是日子一久，和珅还是把持不住，开始贪污、结党，一发不可收拾，最后形成一股大势力。

和珅就是没有坚持最初的立场，被这官场的瘴气迷了眼，自甘堕落，最后成为清朝第一贪，被嘉庆皇帝赐狱中自尽，到头来只得一个千古恶名。

原文

夫废法度而好私议，则奸臣鬻权以约禄，秩官之吏隐下而渔民。谚曰：蠹众而木折，隙大而墙坏。“故大臣争于私而不顾其民，则下离上。下离上者，国之隙也。秩官之吏隐下以渔百姓，此民之蠹也。故有隙、蠹而不亡者，天下鲜矣。（《商君书》）

译文

废除法度而喜欢私议，那么奸臣就会出钱买权并约定好俸禄，常设官手下的小吏就会隐瞒民愤而鱼肉百姓。谚语说：“蛀虫多了，树就会折断，缝隙大了；墙就会倒塌。”因此臣子争相谋取私利而不顾及百姓，那民众就会远离君主。民众远离君主，就是国家的“缝隙”。常设官手下的小吏隐瞒下情，侵犯民众的利益，这就是民众的“蛀虫”。所以国家有了“蛀虫”“缝隙”而不灭亡的，天下是少有的。

解读

要想使臣子不至于变坏，成为国家的“蛀虫”，就要制定相关的法律，约束官吏的行为，不然的话，就会让奸臣们钻空子，搞权钱交易，这样的事如果长久下去，国家的“缝隙”就会越来越大，早晚都会有倒塌的那一天。

案例

宋真宗反腐倡廉

千里之堤毁于蚁穴，如果一个国家的臣子都变成了“蛀虫”，那久而久之，这个国家就会衰弱，直至倾覆。依法治国不是一句口号，而是对奸臣腐败行为的一种制度上的震慑和预防。

翻开中国历史的长卷，到底哪位皇帝反腐的力度最大呢，肯定是明太祖朱元璋，当时他制定了《大明律》，可以说是史上最严酷的法典，同时明朝对宦官贪污腐败的处罚力度也特别重，腐败代价之大，令人不寒而栗。然而，这些严刑也阻挡不了明朝官员前赴后继的腐败步伐。那么，谁才是中国古代皇帝中反腐倡廉最厉害的呢？他就是宋真宗赵恒。

宋真宗在位25年，由于他治理有方，北宋统治日益稳定，国家管理日益完善，社会经济繁荣，国家强盛，史称“咸平之治”。但是缔造这个伟大的时代，将北宋王朝推向中国封建社会的巅峰，离不开宋真宗的反腐倡廉。

宋真宗最重要的就是有一个非常好的廉政理念。他颁布了告诫百官的《文武七条》：一是清心，要平心待物，不为自己的喜怒爱憎而左右政事。二是奉公，要公平正直，自身廉洁。三是修德，要以德服人，而不是以势压人。四是务实，不要贪图虚名。五是明察，要勤于体察民情，不要苛税和刑罚不公正。六是勤课，要勤于政事和农桑之务。七是革弊，要努力革除各种弊端。

这《文武七条》都是廉政的一些指导，宋真宗觉得，“清心”“修德”就是廉政的源头，就能实现真正的“德治”。

当然，这也需要一整套严谨有效的官员选拔任用制度，用来防止蛀虫进入国家官吏队伍。宋真宗期间，对待官员严明赏罚，官员有试用期，试用官员转正要有若干名正式官员保举，而且官员不得保举曾犯有贪污罪的官员转正。这就让上司在荐举人的时候会注意到被荐举者的德行，这样，只有那些德才兼备者才能被选中，这样官员的贪污行为也就相应减少了。

对于那些已经转正的官员，宋真宗建立了一整严格的监察制度，监察官不仅仅要监察其他人员，也需要监察自己。假如监察官失察，也会受到严厉的惩罚。

而对于宋朝监察官员的选拔，也有严格的标准，首先需要廉洁无私，纠缠不避权贵；其次要有文化素质以及从政的实践经验。

从制度上杜绝贪污犯，是非常有效的廉政举措，宋真宗创造了一个政治清明、物质文明与精神文明齐头并进的大宋王朝。而且，值得一提的是，名传后世的清官包拯就是产生在宋真宗统治的时代，这也说明宋真宗廉政建设的成效。让清官得道，让贪官生不如死。

原文

朱子曰:“人各有意，欲行其私。而善为治者，乃能总摄而整齐之，使之各循其理，莫敢不如吾志之所欲者，则先有纲纪以持之于上，而后有风俗以驱之于下也。何谓纲纪?辨贤否以定上下之分，核功罪以公赏罚之施也。何谓见俗?使人皆知善之可慕而必为，知不善之可羞而必去也。”(《朱文公文集》)

译文

朱熹说:“每个人都有自己的想法，都想做对自己有利的事情。可善于治理国家的人，能够把他们统领起来，让他们统一，让每个人都各自遵循天理，没有人敢按着自己的意愿去行事的原因，是先有法纪的约束，后有风俗的督促。什么是法纪?是辨别每个人是否贤良然后确定他地位的高下。什么是风俗?是让人们都知道好事是让人羡慕的从而必须去做，知道坏事是耻辱的从而必须摒弃。”

解读

忠奸既然是相对的、是变化的，就需要去教化、去引导。朱子这里讲到的法纪和风俗，就是要用法定其位，用榜样树典型，这样就让官员们有了好的定位，也就少了奸臣，多了忠臣。

案例

宋太宗树榜样

榜样的力量是巨大的，古语有云："择其善者而从之，其不善者而改之。"在官场之间，忠奸是相对的，但也是变化的，所以，就有可能通过引导，让贪官从善，得到教化。树立一个清官榜样，让奸臣无处藏身。

在北宋时期，李昉是有名的大臣，曾三入翰林，两登相位，深得宋太宗的信任。不过，在李昉主政的时候，也没做出什么惊天动地的事情来，倒是在文化上取得了一点成就。因为他是个学者型领导，牵头编撰了《太平御览》《文苑英华》《太平广记》三部大书。

当然，最主要的是他做人做官堪称楷模，李昉曾与卢多逊相交不错，李对卢肝胆相照，但是卢却经常在背后说李的坏话，宋太宗告诉了他之后，他却对卢不记旧恶，照常来往。这说明李昉品行端方，心怀宽广，是个有大局观念，能团结同僚的好官。

当时的皇帝心里最担忧的就是大臣不和，天天起内讧；另外就是大臣不忠，当面一套、背面一套。要保持江山稳定，就必须打击那些窝里斗的行为。宋太宗明白：榜样的力量是无穷的，所以他打算选一个优秀的官员做榜样，让所有的大臣向优秀看齐。

在李昉退休之后，有一年正月十五晚上，宋太宗率文武大臣上乾元门城楼上观灯。他邀请了李昉和他一起观赏，并特意给他安排了一个离自己很近的位置。然后亲自给李昉斟酒，非常地尊敬他。

当君臣坐好之后，皇帝看着李昉，无限感慨地对其他臣子说："李昉是君子啊，服侍朕二十年，两任相位，未尝有伤人害物之事，余可知也。"给他一个好评。

然后，君臣二人一起回想往事，感慨万端，说到动情处，李昉忽然站立起来，一口气背诵了皇帝的七十多首诗作，不仅流利，而且无一处差错。宋太宗忙问："爱卿怎么记得这么清楚？李昉答："不瞒您说，我每天清晨起来，洗漱完毕后就背诵一遍您的诗篇，天长日久，都能倒背如流了。"

太宗皇帝看李昉能把自己的诗倒背如流，非常高兴，便对他说："我也把你的诗作，单独用一个匣子装着呢。"又问："我十分喜爱你的翰墨小楷，如今你的字还写得那么好吗？"李昉立马就顺着皇帝的意思回答："我素来不善书法，都是我儿子宗讷帮我书写的呀。”于是，皇帝当场封李昉的儿子李宗讷正六品官职。

太宗皇帝这招非常有用。他的目的是教育百官：只要时时顺皇帝的意、听皇帝的话，那么皇帝就会对你珍爱有加，就会给你封妻荫子，就会让你高位善终。文武百官还能不“从善如流”地向榜样学习吗？

等官员们找到了自己的位置，那么，就会少了奸臣，多了忠臣。

卷第七 御下

原文

吏佐官治事，其人不可缺，而其势最亲。惟其亲，故久而必至无所畏；惟其不可缺，故久而必至为奸，此当今之通病也。欲其有所畏，则莫若自严；欲其不为奸，则莫若详视其案也。所谓自严者，非厉声色也，绝其馈遗而已矣。所谓详视其案者，非吹毛求疵也，理其纲领而已矣。盖天下之事，无有巨细，皆资案牍以行焉。少不经心，则奸伪随出。大抵使不忍欺为上，不能欺次之，不敢欺又次之。夫以善感人者，非圣人不能。故前辈谓不忍欺在德，不能欺在明，不敢欺在威。于斯三者，度己所能而处之，庶不为彼所侮矣。（《三事忠告》）

译文

吏员是辅佐长官处理政务的，他们这样的人是不可缺少的，而且他们的地位对长官来说是最亲近的。只因为他们亲近，所以时间久了必然发展到无所畏惧；只因为他们不可缺少，所以时间久了必然发展到做邪恶的事情，这是现如今的通病。想要他们有所畏惧，那就不如严格要求自己；想要他们不做邪恶的事情，那就不如详细审查他们的文书。所谓严格要求自己，不是厉声厉色，是要谢绝他们的一切馈赠罢了。所谓详细审查他们的文书，不是吹毛求疵，是梳理出其中的要领罢了。天下的事情，不论大小，都要依靠公文来执行。稍微不留心，那么奸邪伪诈跟着就出现了。大体上说让他们不愿意欺骗上司为最上，不能欺骗次之，不敢欺骗又次之。用善良感化人，不是圣人不能做到。所以前辈说让吏员不愿意欺骗在于德行，不能欺骗在于英明，不敢欺骗在于威严。对这三者，考虑自己所能做到的选择一种应对，差不多可以不被那些吏员们欺侮了。

解读

为官之人总要用些小吏，这些小吏时间长了，就会倚仗主人的威势做邪恶之事。为了防止此事发生，就要对他们严格要求，谢绝他们的馈赠，详查他们的文书，一切都按规则办事。

案例

子产治郑，民不能欺

管理者只有严以律己，不任人为私，公正严明，依法办事，才能够令下属尊重，并且做到令行禁止，下属也才不敢欺上瞒下，贪赃枉法。

春秋时期，郑国发生了内乱，内乱平息后，子产担任了郑国的国相。他上任后对国家进行了大胆的改革，使一个贫弱交加的小国逐渐强大起来。

第一，他采取了刚柔相济的办法处理公族的问题。对一般遵纪守法的人采取怀柔政策，对不遵守法纪的那些人给予严厉惩处，处死了公族里罪大恶极的子晰。

第二，他对土地制度实行改革。对私田进行登记造册，划清田界，界定产权，承认私有化，然后依法征税。开始人们对此很不理解，骂他，甚至有人扬言要杀他。子产说："只要对国家有利，我自己的生死算不了什么。有些人是不能放纵的，制度只要合理，就不怕别人说什么。"三年以后，人们尝到了土地改革的甜头，又都歌颂他："子产让我们的孩子受到了良好的教育，使我们的田地增加了产量。假如没有子产，我们就不会有富裕的今天。"

第三，他对法制进行了改革。将法律条文铸在鼎上，公布于众，增加了法律的公开化，使人人有法可依，有制可循，改变了过去无法可依，执法不严的混乱状况。

第四，他改革官吏管理制度。选贤任能，公正择优。如冯简子很有政治才干，子产就让他参与国政。公孙挥了解各国情况，又善于辞令，子产就让他当了负责外交工作的官吏。同时他还提出"以宽服民""以猛服民"的主张。在统治管理的方法上，子产第一个提出“宽”“猛”相济的策略。“宽”即强调道德教化和怀柔；“猛”即严刑峻法和暴力镇压。这个“民”，主要指的是“胥吏”，是“吏员”。因为吏员们地位不高，实权不小，而且又是不可或缺的人，对他们的管理是很重要的。

子产执政，严以律己，轻财重德，清正廉明。到死的时候，家无余财，儿子只好将他背到山上去埋葬。

于是《史记》中就有了“子产治郑，民不能欺”的说法。

作为领导者，严以律己，以身作则，下属则不敢欺骗；发现了违法乱纪的事情，则应该毫不留情地进行处理，下属才不敢再犯；管理事务，依法办事，下属才不会贪赃枉法。

原文

诸吏曹，勿使纵游民间，纳交富室，以泄官事，以来论端，以启幸让也。暇则召集讲经、读律，多主羁縻之，则自然不横矣。(《三事忠告》)

译文

所有的官吏，不要让他们任意到百姓中间活动，交往有钱人家，从而招致争论的事端，从而开启奸邪小人侥幸进身官场的大门。有空闲时间就召集他们讲解经书、诵读法律条文，多方面约束控制他们，那么他们自然就不会横行霸道。

解读

严格要求下属，还要让他们不要骚扰百姓，更不能随意与有钱的人有关联，也就是现在所说的形成官商勾结之事，要让他们时常学习法律条文，加强理论修养。

案例

小吏当道，君子蒙尘

社会上，有许多小人物一旦手里有权，就会得意忘形，特别是一些小官小吏，靠着溜须拍马、行贿受贿慢慢掌握了大权之后，更是变本加厉祸国殃民。

两晋南北朝时期，有个叫阮佃夫的小吏，出身寒门庶族，但是此人善于钻营，经常在豪门贵族间出入，溜须拍马，无所不能。慢慢地从掌管衣服等杂物的主衣成为了刘彧（后来的宋明帝）的心腹幕僚。

孝武帝过世后，继位的刘子业颇为凶暴，决定先杀掉使他不放心的诸王叔。他先后除去了叔祖刘义恭、叔父刘昶。但他仍然担忧、猜忌叔父刘彧、刘休仁等宗王，把叔父们全都软禁在宫中，不时进行侮辱，甚至计划杀死刘彧。

阮佃夫作为刘彧的心腹知道一荣俱荣一损俱损的道理，于是听从刘彧的安排去结交刘子业的侍卫寿寂之等人，并重金买通刘子业的左右淳于文祖密谋推翻刘子业，同时和早已打入刘子业宫中的钱兰生秘密联系，寻找时机。而在刘子业的内部，直阁将军柳光世与刘子业左右缪方盛、周登之也有了密谋，而且又很快与阮佃夫串通，终于帮助宋明帝刘彧杀了刘子业，夺得帝位。

阮佃夫救君危难，拥立有功，被任命为兰台侍御史。从此更受明帝倚重，于是权大气粗，趾高气扬起来。当他衣锦还乡的时候，当时的太守僧虔不愿曲意逢迎，于是他就怀恨在心，向明帝讲太守僧虔的坏话，然后还指使其他官员对太守僧虔进行弹劾，罢免了太守僧虔的官。

阮佃夫小人得志以后，乘机大受贿赂，凡事非重赂不行。家乡的侄子想做个小吏，送来两百匹绢，他嫌少，竟然懒得搭理。后来侄子只好又加了两百匹绢，他才答应写了封书信给带回县衙。阮佃夫生活上也非常奢侈，他大兴土木，建造林园，为了便于游乐，他还在宅内开渠引水，向东延伸十余里，引来活水。水渠两旁塘岸整洁，泛轻舟，奏女乐，优游玩耍活似神仙。

宋明帝死后，阮佃夫为了能够继续享受这神仙般的日子，想废掉节俭的长子立幼子操控，不料搬起石头砸了自己的脚，结果自己却死于政变。

小吏当道，君子蒙尘。他们往往通过各种手段，抓住机会拼死表现，从而获得上级官员的信任，逐渐爬到高位，最终一手遮天。小人逢迎拍马，投机取巧的功夫了得，但由于工作能力有限，为了生存及升迁，打压忠臣良将、危害正人君子是他的必然选择。所以，作为他们的上级官员，应该尽量限制他们的行动，多方约束他们的行为，不给他们向上爬的机会。

原文

当官既自廉洁，又须关防小人，如文字历引之类，皆须明白，以防中伤，不可不至慎。不可不详知也。后生少年乍到官守，多为猾吏所饵，不自省察所得毫末。而一任之间，不复敢举动。大抵作官嗜利，所得甚少，而吏人所盗不赀矣。以此被重谴，良可惜也。(《官箴》)

译文

当官既要自己廉洁，又要防范小人，比如文字中所引用的言论典故之类的事，都需要明白，以防受到中伤，不可不特别谨慎，不可不详细了解。年轻人刚任官职，好多被奸诈的小吏所引诱，不自己经常反省，所得到的好处虽然微不足道，但在任期之内，不再敢有什么举动。大概做官的喜好利益，所得到的很少，而小吏们用不正当手段捞取的不可计量。做官的因为这个被重贬，的确是很可惜的。

解读

当官之人千万不能被长期在此的小吏们所左右，收受其好处，然后任他们胡作非为，这样就不能在任上有所作为，其结局就是被重贬。

案例

巧舌如簧，小人误国害忠良

但凡小人，细察其“得志”手段，基本大同小异。巴结权贵、捞取权位，请客送礼，阿谀逢迎，乞讨权势者的欢心。如果当官的人不远离这些小人，甚至收受他们的好处，然后任由他们胡作非为，必定会中了他们的圈套，上当受骗浑然不觉。

楚平王有个臣子名字叫作费无忌，是个无耻的小人，专门喜欢做些搬弄是非、挑拨离间的事情。楚平王为儿子娶亲，派费无忌前往迎娶。费无忌看到新娘如此美貌，便心生邪念，不顾一切快马回宫对楚平王细述姑娘之美，并进言趁太子尚未见面平王先娶了她。好色的楚平王被巧舌如簧的费无忌说动了心，于是转眼间，这位本该成为太子夫人的秦国姑娘，便成了公爹楚平王的妃子。移花接木的费无忌，也成了楚平王的心腹。但他却做贼心虚，因为他知道太子迟早要接班的。于是他对楚平王诬陷说太子要谋反。楚平王相信了费无忌的话，下令捕杀太子及老师伍奢父子。后来，太子建只好逃离楚国，伍奢一家被害只有伍奢的二儿子伍子胥逃走了。

费无忌嫉妒左尹郄宛攻打吴国胜利的功劳，想杀掉郄宛。他对令尹子常说："郄宛想请令尹您喝酒。"又对郄宛说："令尹想到你家来喝酒。"郄宛以为是真的，于是就问费无忌："我是个身份低贱的人，不值得使令尹屈尊。假如令尹一定屈尊光临，我拿什么来招待他呢？"费无忌就故意说："令尹喜欢铠甲兵器，你把这些东西搬出来放在门口，令尹来了，一定会观赏它们，你就乘势把这些东西作为进献给他的礼物。"等到宴请令尹的这天，郄宛在门口帷幕两旁，按照费无忌所说放置铠甲兵器。费无忌于是对令尹说："我差一点害了您。郄宛想杀您，已经把铠甲兵器藏在门口了。"令尹派人去察看，果然如此。于是令尹子常杀死了郄宛全家。左尹郄宛，受国人爱戴。结果，大家都很痛恨令尹子常。沈尹戌对令尹说："费无忌是楚国的谗谀小人，他逼迫了太子建出走，杀害连尹伍奢，掩蔽国君的视听。现在您又因他的谗言杀害无辜的郄宛，从而招致了严厉的指责，祸害很快就会来到您身上。"令尹子常于是杀死了费无忌，并灭其九族。

很多年后，伍奢的二儿子伍子胥带兵攻入楚都，掘楚平王墓，鞭尸三百，以报杀父兄之仇。

可怜楚平王听信小人之言，骨肉分离，并遭掘墓鞭尸；令尹子常上当受骗，错杀忠良。

所以做官者防小人尤当为慎，不要因为小人而毁了官位、官声、前程。

原文

今此何为人上而不能治其下？为人下而不能事其上？则是上下相贼也。何故以然？则义不同也。若苟义不同者有党，上以若人为善，将赏之，若人唯使得上之赏而辟百姓之毁；是以为善者必未可使劝，见有赏也。上以若人为暴，将罚之，若人唯使得上之罚，而怀百姓之誉；是以为暴者必未可使沮，见有罚也。故计上之赏誉，不足以劝善，计其毁罚，不足以沮暴。此何故以然？则义不同也。(《墨子》)

译文

现在为什么居人之上的人不能治理他的下属？居人之下的人不能侍奉他的上司？这就是上下相到伤害。为什么会这样？就是各人的道理不同。假如道理不同的人双方有所偏私，上面认为这人为善，将赏赐他。这人虽然得到了上面的赏赐，却免不了百姓的非议，因此，为善的人未必因此而得到勉励，虽然人们看到有赏赐。上面认为这人行暴，将处罚他，此人虽得到了上司的惩罚，却受到百姓的赞誉，因此，行暴的人未必可使停止，虽然人们看到了惩罚。所以计议上面的赏赐赞誉，不足以勉励向善，计议上面的非毁惩罚，不足以阻止暴行。这是什么缘故使之如此呢？就是各人道理不同。

解读

上下级的关系要有一个原则相统一，不能出现上下相害的情况。如果上下相害，官场环境就很严峻，政令就不能上下统一，百姓也因此受害。

案例

掣肘难书

上下级的官员关系必须协调统一，互相信任，政令才能够很好地执行。

孔子的学生宓子贱接受鲁王的任命去治理单父这个地方，他很担心鲁王会听信小人的谗言不信任自己。于是，在快要向鲁王辞行的时候，他向鲁王提出来想要鲁王身边的两名侍从一同前往。他说："大王，我想要您身边两名侍从随我前往，也好有个帮手。"鲁王高兴地答应了。

到了单父，当地的官吏都来拜见宓子贱。宓子贱就让鲁王的两个侍从帮忙给他做记录，要求他们记下这些官员们说的话。两个侍从于是准备好了纸笔坐在宓子贱的身边打算好好地记录下他们的谈话。宓子贱和官员们客套完后就开始询问单父当地的情况，并问官员们有何好的建议和意见治理单父。官员们开始献计献策，两个侍从急忙动笔打算记录，这个时候宓子贱却不时地摇摇那做记录的侍从的胳膊，两名侍从不敢顶撞大人，只好凑合着写，以至于写得不像样子。急得两名侍从不知如何是好，头上直冒冷汗。前来参见的官员看到两个侍从狼狈的样子，暗自偷笑。接见完官员，宓子贱要看记录，一看两个侍从的记录字迹潦草，就大发脾气，臭骂了一顿。

两名侍从心里不服气，心想我们本来是鲁王身边最受宠的人，如今刚到单父就受这样的气，宓子贱太欺负人了。于是就向宓子贱请辞，宓子贱也不挽留，还说："你们的书法太差劲了，回去后好好努力吧。"

两名侍从回去报告鲁王说："宓子贱很难共事，我们没法为他做事情。"鲁王问："这是怎么回事呢？"侍从们答："他让我们为他做记录，却又不停地摇我们的胳膊，以至于我们写不好字，单父当地的官员都笑我们，他看我们字写得不好又大发雷霆。"鲁王听了，猜测地想："这一定是宓子贱借故告诉我，我对他干扰的事情太多，对他的信任不够，使他不能按照自己的主张办事。"

鲁王于是立刻派了一名亲信前往单父，告诉宓子贱说："从今往后，我再也不兼管单父了，单父的治权属于您，只要是有利于治理单父的办法，您就决策，不用处处向我请示。五年后再向我回报您的政绩。"

宓子贱恭恭敬敬地答应了，于是在单父顺利推行他的政治主张，果然把单父治理得很好。

古语云:“上下相孚，才德称位。”官员上下级之间要互相信任，才能和品德要与所处的职位相符合。上下级关系信任了，有才能的人才能够施展抱负，政令才能得以推行，老百姓才能过上和谐的好日子。如果官吏们互相倾轧，钩心斗角，怎么可能很好地致力于政务，造福百姓呢。

原文

西山真氏曰:“州之与县，本同一家；长吏僚属，亦均为一体。若长吏偃然自尊，不能情通于下，僚属退然自默，不以情达于上，则上下痞塞，是非莫闻。政疵民隐，何处而理乎？”(《牧鉴》)

译文

西山真氏说:“州和县，本来同是一家；州里的上级官长和县里的下级小吏也都是一个整体。如果上级官长妄自尊大，不把情况向下级通报，下级的小吏也就会默不作声，不把情况向上级汇报，这样就会上下信息堵塞，听不到是非。施政的瑕疵，百姓的隐情，在什么地方得到整治和处理呢？”

解读

官场中的上下级之间的相处应该是像一家人一样，上级不要看不起下属，妄自尊大；同时下属也不要什么事也不说，有情况也不报告，这样就会使官场信息不畅通，使治理出现大问题。

案例

项羽自刎乌江

上级就像是一个人的脑袋，下级就像是一个人的四肢，只有同心协力地配合起来，才能构成一个人的整体。缺少任何一部分，都不能算是一个完整的人。脑袋虽然高贵重要，但必须有四肢的配合，才能成为一个整体。

公元前207年，楚怀王以宋义为上将军，封项羽为鲁公，以宋义为主帅率兵五万前往救赵。宋义贪生怕死，到了安阳后不肯发兵，项羽一怒之下斩杀了宋义，大破秦军，威震楚国，名闻诸侯。

项羽取得了巨鹿之战的巨大胜利后，便有些妄自尊大，他自称西楚霸王，并开始分封诸侯，不把楚怀王放在眼里。范增和刘邦的左司马都来警告他说刘邦想在关中称王，要他找机会杀了刘邦。项羽听不进去，失去了杀死刘邦的大好机会。

项羽进入咸阳后，杀死秦王子婴，火烧秦王宫。这时，他的一个属下韩生建议说关中富饶，可以成就霸业，项羽自负，根本听不进去，一心想回到江东。韩生于是又说："人说楚国人像是猕猴戴了人的帽子，果真是这样。"项羽听到了，就把韩生扔进锅里煮了。他的手下陈平、韩信等一大批英才良将都因为他的刚愎自用和残暴，一个个离开了他。

项羽在范增的建议下，与范增合围荥阳，打算把刘邦消灭。刘邦非常害怕，采取陈平的计策，离间项羽和范增，项羽于是剥夺了范增的兵权。项羽手下的人都惧怕他，没有人敢劝阻他。范增没有想到项羽竟然会怀疑自己和刘邦有勾结，十分气愤，于是告老还乡，病死途中。

刘邦派韩信带领三十万军队作为前锋，将军孔熙为左翼、陈贺为右翼，自己带着部队跟着，将军周勃断后。项羽带兵十万，先和韩信展开大战，韩信率兵后退，令左右两翼包夹项羽大军，项羽抵挡不住，于是往后撤，韩信趁机反击，项羽大败，退到壁垒坚守，刘邦乘胜领大军将项羽重重包围。

项羽最后终于四面楚歌，自刎于吴江。

项羽正是因为妄自尊大，看不起下属，失去了一大批英才良将最终导致自己的灭亡。

上下级之间，互相尊重、互相理解，建立良好的关系才能保持良好的沟通，政令才能够很好地贯通执行。要想管理和领导好下属，独断专行是万万不行的。

原文

衙门张官置，吏固不可缺，然吏胥奸猾者多，诚实者少。每事必须关防，不可假之以权，一有差错，便须责罚。间有可委任，则先以事试之，观其诚否，然后用之。昔人谓偏听生奸，独任成乱，良有以也，不尔，必至堕其奸计中矣。若皂隶辈尤不可信，听信之则谗谄百生，侮弄多端，谚所谓卖厅角，必自此始，可不慎乎？（《官箴》）

译文

衙门设置官吏，固然不可缺少，但是胥吏奸诈狡猾的人多，诚实的人少。每件事情都必须提防，不可授予他们权力，一旦发生差错，就必须严加责罚。其间有可以委任的人，就先拿事情来试验他，观察他是否诚实，然后再加以任用。古人说，听信一面之词容易产生奸诈，专任就会酿成混乱，确实是如此，不然的话，必然会堕入奸计之中。像衙役人等尤其不可信任，听信他们就会使谗毁和谄谀丛生，轻慢戏弄多端，民谚所说的“卖厅角（依托官府，赚人财货）”，必然会从此开始，能不谨慎吗？

解读

对于下属的任命一定要加以考察，而且要形成相互监督，不要独任一人，这样就会出现独断的现象。再者，在下属的报告中，不要听信一人之言，还要多方听取意见，方可做出判断。

案例

况钟扮猪吃老虎

为官想要在一方有所作为，就必须对下属进行考察，多方听取意见，审慎处理事务。

明朝时，况钟7岁丧母，从小受到生活的磨炼。他聪明好学，个性耿直，处事机敏，曾经在尚书吕震的手下做过小吏。吕震欣赏他的才能，推荐他到礼部，经过永乐帝的面试选作礼部六品主事，后来因为他卓越的领导才能，而且任劳任怨，升为仪制司四品郎中，宣德五年（1430年）又特选他担任当时“天下第一剧繁难治”的苏州知府。

当时苏州豪强污吏相互勾结利用，百姓赋税繁重，是全国有名的难治之府。况钟上任后，许多问题都等待他去处理。

刚开始上任的时候，况钟假装不懂政务，府里的小吏们抱着公文，围着况钟，请他批示。况钟故意装作不知道的样子，每件事情都问小吏，小吏说可行就批准，小吏说不行就不批准，一切都听部属的。这些小吏都很高兴，说况钟是个笨蛋，认为这位新任太守很容易欺侮。其实，私下里，况钟却将事情调查得一清二楚。

过了三天，况钟召集来所有的部属，将一件件案宗分析得透透彻彻，并训斥道：“前几天某件事是应该做的，某某却不让我做；某件事是不应该做的，某某又强行让我去做！你们这些人长期以来玩弄这种手段，其罪当死！”

于是，吩咐人将这些玩弄手段的小吏捆绑、拷打之后，丢在庭院里进行审理，将罪大恶极的几个人处以死刑。之后，况钟对这些小吏全部进行考核，辞退了五个贪污的小吏和十几个愚笨、懦弱的人。

全苏州府的人都大为震动。官员们因此无不奉公守法。况钟在任期间，曾经轮流在所管辖的七个县审理案件，不到一年，勘查过轻重囚犯一千一百二十多名，使得小吏们不敢作奸犯科，老百姓的冤屈得到了伸张。

苏州从此大治。况钟治苏9年任满，本来应该上调朝廷，但是苏州府士民张翰等一万三千人联名向直隶巡抚按察使张文昌上书，恳请转奏朝廷，乞求况钟连任。

领导者要做到知人善任，学会考察下属，对待下属的行为进行分析判断，奖优罚劣，才能做好管理，治理一方。

原文

阴阳、医生、教读人等，官府多视为在官人数，一概差用，不能专务本业，是岂朝廷设立之本意？须着阴阳生轮流日守日晷时牌，夜守更漏，医生亦轮流日守惠民药局，教读分教各里，童生使各专务本业。时常考验勤惰，量为惩劝，其愚而无进者黜退，拣选性资可进者补之，庶使此等不为虚设。（《官箴》）

译文

阴阳家、治病的大夫、教书先生，官府多将他们看作在官任职的人员，全部差遣任用，使他们不能专门从事本业，这难道是朝廷设立这些名目的本来意图吗？应该让阴阳家轮流在白天看守日晷时牌，夜晚守候更漏，负责报时等事务。治病的大夫也轮流在惠民药局值班，教书先生分派到各个乡里从事教育，童生让他们各自专门从事本业。要时常考察他们是勤奋或怠惰，根据实情进行惩罚、鼓励，那些愚昧却近身的人予能罢黜斥退，挑选可以任用的人填补空缺，这样或许就使这些名目不是虚设了。

解读

对于下属的运用，就要使其专业对口，使其各得其用，并时时进行考查与考核，对于不实之人进行惩处或斥退，然后再进补实用之人。如果不能使下属各得其用，那社会就不能正常运转，下属也会难以管理。

案例

鸡鸣狗盗

用人之长，就能充分发挥人的才能，团结更多的人为己所用。

战国时期，齐国宗室大臣孟尝君，以养士著称。

有一次，孟尝君认为有个门客干的事没有做好，便认为他无能；教人的事不会，就认为他笨拙，想将他赶走。鲁连仲是齐国的谋士，孟尝君最尊重他。孟尝君于是就这件事请教他。鲁连仲对孟尝君说："猿猕猴离开树木到了水里不如鱼鳖，经历险境危难的时候骐骥不如狐狸，曹沫有三尺之剑就可以抵挡一支军队，但是如果让曹沫用三尺之剑去耕种农田，则不如农民。所以说，如果一个物品舍弃其长处，取其短处，尧也不能把事情做好。现在有人事情没有做好，就说他无能，教人的事情不会，就说他笨拙，并要赶他走，岂不是和这个道理一样吗？"

孟尝君听了，连连点头，于是没有赶走那个门客。孟尝君采纳了鲁仲连的意见，纠正了用人所短的做法，懂得了用人之长，他的手下门客也越来越多，最后竟收有三千多各种各样的人才。孟尝君率领众门客出使秦国，秦昭襄王想留他做相国，孟尝君不敢得罪，只好留了下来。不久，秦国的大臣劝秦王说："孟尝君是齐国的宗室大臣，在齐国有封地有家人，不会真心帮助秦国办事情。"秦昭襄王认为有道理，于是就派人软禁了孟尝君，想找个借口杀掉他。

孟尝君去求助秦昭王的爱妃，爱妃答应了，要求孟尝君用齐国一件天下无双的狐白裘做报酬。但是孟尝君已经将这件狐白裘献给了秦昭襄王。怎么办呢？这个时候，有个门客说："我能把狐白裘找来！"说完就走了。原来这个门客最擅长钻狗洞偷东西。他想方设法逃过了巡逻人的眼睛，盗出了狐白裘。

妃子见到狐白裘高兴极了，设法说服秦昭襄王放弃了杀孟尝君的念头，并准备过两天为他饯行，送他回齐国。

孟尝君害怕秦王反悔，立即率领手下人连夜偷偷奔向秦国的东大门。但是，按照秦国的规定，函谷关必须每天鸡叫之后才能开门。半夜时候，鸡怎么可能叫呢？大家正犯愁时，只听见几声"喔，喔，喔"的雄鸡啼鸣，接着，城关外的雄鸡都开始打鸣了。原来，孟尝君的另一个门客会学鸡叫。守门的士兵虽然觉得奇怪，但也只得按照规定打开城门，放他们出去了。秦昭襄王果然后悔，派人去追，但是，孟尝君已经逃出去很远了。

孟尝君靠着鸡鸣狗盗之士，离开秦国，逃回了齐国。

知人用人，要善于发挥人的长处，排除个人的喜好影响，不拘一格降人才，是事业成功的重要因素。

原文

尝叹州县官碌碌，民无所告诉，兼民情难知，耳目难得，其人看来如何明察，亦多有不知者。以此观之，若是见得分明，决断时岂可使有毫发不尽？又叹云：民情难知如此，只是将什么人为耳目之寄！如看道理，辨是非，须是自高一着。今做官人几时个个是阘冗人？多是要立作向上；那个不说道先着驭吏？少间无有不拱手听命于吏者。这只是自家不见得道理，事来都区处不下，吏人弄得惯熟，却见得高于他，只得委任之。(《朱文公政训》)

译文

曾经感叹州县的官吏碌碌无为，百姓没有诉说的地方，再加民情难以了解，亲近的人难以得到，就那些人看来，如何明察是非，也有许多不知道的人。由此看来，如果能看得分明，决断时哪里能有丝毫的差错呢？又感叹说：民情如此难以了解，关键是将什么人作为像耳目一样的寄托。如果要看明道理，辨清是非，必须自己高出一招。如今做官的人曾几何时个个都是乡间平庸的人？大多是要有所作为立志向上。那个不是说要先从驾驭下属官吏方面着手？可是做官隔不多时便没有不拱手听命于下属官吏的。这只是因为自己看不明道理，事情来了不知如何处理，下属官吏对这些事弄得很熟，却显得比他高出一筹，只得交由下属办理。

解读

要想统属好下属，就要在相关的专业方面高出一筹，如果自己不知道，或者还没有下属熟悉，那就会被下属挟制。所以一定要虚心学习，尽快掌握相关知识，并且能看到比下属高的地方，不要志大才疏，这样只会被蒙蔽。

案例

不识孔圣人，盐运使丢官

优秀的领导人不仅要具备踏实的办事能力、强烈的服务意识与社会责任感，还要能够不断提高自身的驾驭与管理能力，特别是在专业知识上面，必须要有高出下属的能力，才不会被下属蒙蔽。

清朝有很多人买官来做，这些捐官的人大多不学无术，有些人甚至连孔子都不知道。

乾隆时期，有个两淮盐运使，掌管地方盐务行政。他就是用钱捐来的官职。有一次祭孔，盐运使感到奇怪，为什么要祭拜这个人，于是他就问旁边的小书吏这个被祭拜的人是谁？他身边的小书吏告诉他说是孔夫子。盐运使不明白。于是又去问衙役里的一个老师爷，老师爷告诉他说："孔子是个圣人。"盐运使还是不明白孔子究竟是什么样的人，他想，既然我们都得祭拜他，那么他一定是个大官。他于是就去问一个和他一样做官的朋友："孔子是个什么官呢？"那个人回答说："孔子曾经做过鲁国司寇，摄行相事。"这样一来，盐运使更不明白是什么了，没办法，那个朋友只好解释说："相当于今天的刑部尚书、协办大学士的职位。"

盐运使听后觉得自己明白了。于是，他马上叫来书吏、师爷训斥道："孔子哪里是什么圣人、夫子，连孔中堂你们都不知道！"书吏和师爷当着这个蠢官的面不敢取笑，回去后就把这件事当作笑话讲给其他人听。

书吏和师爷都觉得给这个愚蠢的人做下属实在很委屈。书吏于是离开了他。而那个老师爷呢，专门等着上级官员来视察的时候，询问一些盐运使不懂的业务，故意让这个盐运使出丑。结果没有多久，这个盐运使就因为不称职丢了官。

有学问方可为官，为官更需要学问。在官场上混，肚子里没"货"肯定会被人嘲笑，让人瞧不起，这样的后果自然是最后落得个无法胜任，官位不保。

原文

地方风气以官为转移。地棍揣摩，即视官为迎合。官有善政，未始不资若辈。历阶如官徽赌博而棍首局诱。官治小钱，则棍讦挽和。官清水利，则棍控侵占；官严斗殴，则棍饰伪伤；官禁锢婢，则棍告侵占；官细则棍讼业横。如此之类，悉数难终。大概有一利必有一弊，甚且利少而弊多。(《续佐治药言》)

译文

地方的风气，是以为官者的举动为转移的。地痞无赖揣摩思量，看着为官者的举动，加以迎合。当官的人有令人称道的政绩，未尝不得益于这帮人。比如为官者整治赌博，地痞就来自首赌局骗技；为官者整治小偷，地痞也控告搅和；为官者整治水利，地痞就控告侵占田地现象；为官者狠抓疛殴，地痞就扮演一些误伤；为官者禁止扣押婢女，地痞就控告有关凌辱事件；为官者安抚平民，地痞就控告强权蛮横之事。像这样的事情，说也说不完。一般来说，有一件好处，就伴有一件弊端，甚至弊大于利。

解读

在治理一方时，为官者要面对这样一类人，他们是俗话说的“地头蛇”，如何既利用他们又防着他们，要权衡利弊，是铁腕整治还是相互利用，要视具体情况而定，但有一点是，绝不能因为他们损害公事，损害人民的利益。

案例

强龙难压地头蛇，巧施妙计布云雨

俗话说：强龙难压地头蛇。为官者多半是外来者，他们虽然有才华、有抱负，但是，那些当地的地痞流氓则在本地混迹多年，往往有一帮自己的势力，为官者想要施展自己的才华和抱负，就必须要想办法控制他们、与他们周旋。

西晋末年，政局纷乱异常，司马皇室内部也是风云迭起。为了避免皇室倾轧，免遭杀身之祸，当时既无兵也无权的司马睿听从了好友王导的建议，离开了多事的首都回到了自己的封地建邺。

西晋灭吴后，江南建邺也是一个政治上很不稳定的地方。这里虽然没有连年烽火，但同样也是一个多事之地。江南士族刚刚消灭了企图割据江东的广陵相陈敏，掌控着江南局势。司马睿一到建邺，就马上感受到了江南士族的压力。江南士族虽然也很迫切地需要一个有号召力的领袖来镇守江南，使得南方政局稳定，但是，司马睿只是一个皇室的远亲，既无名望又无业绩，并不是江南士族的理想人物。司马睿敏锐地感觉到，如果不能充分保障江南士族的利益，他将无法在建邺站住脚跟。

基于这些原因，司马睿到达建邺半年之久，没有任何当地大族主动地向他靠拢，表示亲近。这些人很是瞧不起这位中原逃难而来的落魄小王。王导意识到不妙，十分忧虑。王导知道，想要在江南立足，不是件容易的事。他和建邺的族兄青州刺史王敦商议，决定选择一个合适的机会，共同排演一场专供南方士人欣赏的节目，以提高司马睿的威望。

永嘉二年三月三日，是建邺士族们一年一度的“泼水节”。这一天，在王导的安排下，司马睿乘坐着华丽的马车，由威风凛凛的仪仗队簇拥着，王导、王敦以及北方来的大族名士都骑马跟在仪仗队的后面作为随从，浩浩荡荡地出来参加这次活动。这个阵势极大地震动了江南士族，他们开始不敢小看司马睿。正在现场的南士领袖纪瞻、顾荣等人急忙前来参拜，表示他们对司马睿的恭敬。王导抓住时机拉拢纪瞻、顾荣等人，实现使整个江南士族集团归附的目的。王导代表司马睿亲自登门拜访顾荣等人，经过这一番往来，顾荣等人接受了司马睿。与此同时，司马睿将一大批江南士族委以重任，让顾荣等人参与有关军府政事的机要活动。从此，司马睿在江南有了立脚之地，一个以南北士族为核心的江东政权初步形成了。

“强龙难压地头蛇”，这句俗语虽然很有道理。但龙并不是失去了施云布雨的力量，而是到了一个陌生之地，暂时施展不开罢了。等到他布开阵势，地头蛇也就压制不了他了。一个管理者要善于把握时机，掌控时局，将一切力量为己所用。

原文

小而为一邑，大而为天下，赏罚明，则不烦声色，而威令自行，人徒知治民之难，而不知治吏为尤难。盖吏与官比，诡诈易生。民远于官，不能知理法，误然而犯，宜若可矜。吏则日处法律中，非不知也。小过不惩，必为大患，无所忌惮矣。尝闻治民如治目，拨触之，则益昏；治吏如治齿牙，剔漱则益利。《传》曰："威克厥爱允济，爱克厥威允罔功。"法此而行断，不至于难治矣。(《三事忠告》)

译文

小到治理一个县，大到治理天下，赏罚严明，就无须用语言用脸色，而威严的命令自然推行。人们只知道管理百姓的困难，而不知道管理吏员更难。这是因为吏员相比做官的，更容易产生诡诈。老百姓远离做官的，不能够明白法律，不小心触犯了法律，应该值得同情。吏员则每天身处法律之中，不是不知道，小的过错不加惩处，一定会造成大祸害，以致发展到肆无忌惮。曾经听说管理百姓就像治疗眼睛，拨除它，就愈加昏花；管理吏员就像治疗牙齿，剔漱它，就会更加尖利。《左传》里说："威严胜过爱一定能成功，爱胜过威严一定不能成功。"效法这个道理去行事，不至于难以管理。

解读

仕途是一个"场"效应，管百姓难，管下属更难。下属每天都处于各种琐碎的具体公事中，他们身处其中，时常从中以权谋私，如果不加管理，会深深伤害国家的法律公正。这里将管下属比作治牙，所以一定要严格为上，要威严胜过爱。

案例

重典出威严，威严治污吏

治国就是要治吏。历代的兴衰存亡都与吏风是否清明息息相关。治吏就是要狠纠官场上的歪风邪气、贪腐枉法。

明朝高祖朱元璋在反腐事业上可谓用心良苦，甚至不惜用极端方式加以贯彻。

朱元璋对贪污六十两银子的官员格杀勿论。有一次，他发现御史宇文桂身上藏着十几封信，都是拉关系拍马屁走后门的信件。于是他立即派人对各个地方的官员进行调查，发现贪污腐败现象非常严重。于是，就昭告天下："为惜民命，犯官吏贪赃满六十两者，一律处死，决不宽贷。"由于明朝初期有很多元朝的旧官吏，贪赃枉法的现象已经有恃无恐。朱元璋再次下令，凡是贪污，不管涉及谁，决不心慈手软，必须一查到底。

朱元璋在翻阅一批处死贪官的卷宗时突发奇想，既然百姓痛恨那些贪官，一刀杀了他们太便宜了他们，不如采取一些酷刑让那些贪官污吏害怕。他于是创造了一种"剥皮实草"的酷刑，把那些贪官拉到每个府、州、县都设有的"皮场庙"剥皮，然后在皮囊内填充稻草和石灰，将这些稻草皮囊人放在处死的贪官后任的公堂桌座位旁边，警示继任的官员不要重蹈覆辙，否则，这个"臭皮囊"就是他的下场。这种触目惊心的举措的确震慑了一大批官员，使他们贪赃枉法的行为大为收敛。

朱元璋还专门制定了整肃贪污的纲领——《大诰》，里面记录了他亲自审讯和判决的一些贪污案例成果，以及他办案的方法和处置手段。他还下令全国的官员学习这本书，并四处张贴宣传，让官员学习自律，让老百姓学后对付贪官。

重典出威严，威严治污吏。只把官吏管理好了，官场风气正了，官员的表率作用才会增强，老百姓才会一呼百应，国家才能政通人和，国泰民安。否则，官员欺上瞒下，贪污受贿，营私舞弊，胡作非为，其结果只能是"虽令不从"，民怨国衰。

爱民卷

第八

原文

夫民者，万世之本也，不可欺。凡居于上位者，简士苦民者是谓愚，敬士爱民者是谓智。(《新书》)

译文

民众是统治者万代事业的根本，因此不可欺压。凡居于统治地位的人，简慢士人、虐待民众就叫作愚蠢；敬重士人、爱护民众就叫作聪明。

解读

百姓是执政之基，百姓是执政之源。如果当官之人不以百姓的利益和发展为根本，就是愚蠢的，其执政就会出问题，以致崩溃。

案例

失民心者失天下

老百姓是国家之根本，失民心者失天下。统治者如果视民众如草芥，不以老百姓的利益和发展为根本，必将失去天下。

隋炀帝杨广乃一介武夫，凭借着战功谋得帝位。他登上帝位之后，开始不断地征讨高句丽、吐谷浑和突厥。大业五年，他亲征平定吐谷浑，设置西海、河源、鄯善、且末四郡[4]。杨广亲征吐谷浑后，又下诏征天下兵进攻高句丽。大业八年（612 年），隋军出动一百一十三万人，败于辽东城及平壤城下。次年再发兵围攻辽东城。几乎是常年累月征战不息。

不仅如此，隋炀帝还年年出巡，曾三游扬州，两巡塞北，一游河右，三至涿郡，多次往返于长安、洛阳。

大业元年（605 年），杨广迁都洛阳，营建东都。东都建造豪华，规模巨大，耗费了大量人力物力，在历时十个月的修建过程中，每月都需征调民夫二百万人。

在营建东都的同时，杨广又下令开凿大运河，并造龙舟等船万艘，便于出游。他出游的龙舟，高四十五尺，宽五十尺，长两百尺，共有四层，分为正殿、内殿、东西朝堂，中间设房间一百二十间，下层设为内侍居住的地方。其气派豪华无与伦比。自开凿运河以来，征用河南、淮北、河北、江南诸郡农民、士兵三百多万人。

大业三年、四年，为了修砌长城杨广两次征用丁男一百二十万。

隋炀帝在位期间，总计十余年被征用的农民不下一千万人次，平均每户就有一个人以上，被征集服役而死亡的人数过半，造成了“天下死于役”的惨象。

百姓苦役，天下思乱。年年的征战和苦役，使得人民苦不堪言。大业七年（611 年），隋朝爆发了大规模的农民起义。隋朝逐渐走向了灭亡。

国之所以是国，因有其民；君之所以为君，亦因有其民。人心、民意才是君立国存之本，唯有巩固这个根本，国家才能长治久安。失民心者失天下，亘古不变。

原文

故夫民者，大族也。民不可不畏也。故夫民者，多力而不可适也。呜呼！戒之哉！戒之哉！与民为敌者，民必胜之。(《新书》)

译文

民众是数量十分巨大的群体，对他们应该怀着惧怕的思想。民众的力量也是十分巨大的，而且是不能和他抗衡的。啊！警惕呀！警惕呀！凡是敢与民众为敌的统治者，民众必定打倒他。

解读

民众与执政群体相比，那自然是十分巨大的。要知道民众的力量是无法抗衡的，与民众为敌的后果，就是必然被民众所推翻。

案例

元朝末年风起云涌的农民起义

人民群众的力量是无穷的，执政者如果忽视人民群众的力量，与民为敌，必将被人民群众推翻打倒在地。

元朝末年，政治黑暗，统治阶级内部政局动荡，贫富急剧分化，赋役不均，政府奢侈腐化，人民所受的剥削日益严重。

政府卖官鬻爵，贿赂公行。官吏敛刮的花样无奇不有。达官贵族贪污跋扈，地主豪强专横，与日俱增。元朝的统治已经走上了崩溃的道路。但是元朝的统治者却只知道加重税收，滥发纸币，导致通货膨胀，而一些地主又通过加租、扩田进一步盘夺农民，人民所受的剥削也愈加严重。“苛急烦扰”，民不堪命，激起了江西等地农民反对扩田增租的斗争。

元朝不仅残酷的贪污剥削不断，不幸又接连出现了严重的天灾。元统元年，京畿大雨，灾民达到四十余万人。元统二年，江浙又闹灾荒，饥民多达五十九万人，至元（后）三年，江浙再次遭到天灾，饥民又有四十余万人。至正四年黄河接连三次决堤，饥民遍野。在天灾人祸的迫害下，农民成群结队地被迫离开土地，民不聊生，武装起义相继而起。

泰定二年（1325 年），河南息州赵丑厮、郭菩萨起义，提出了“弥勒佛当有天下”的口号，揭开了元末农民起义的序幕。顺帝至元三年，广东朱光卿、聂秀卿起义，同年河南棒胡起义。至元四年，彭和尚、周子旺在袁州起义，起义农民五千余人。到了至正初，小规模起义、暴动已遍及全国。

“天雨线，民起怨，中原地，事必变。”很多当时的民谣都强烈地反映了元朝年间日益激化的民族矛盾和阶级矛盾。到了元末年间，元朝政府命工部尚书贾鲁带领汴梁、大名等十三路农民共十五万人修治黄河，同时又派兵沿黄河镇压农民起义。这些黄河工地上服役的农民，点燃了红巾军起义的导火线。红巾军大起义，民族矛盾与阶级矛盾达到了高潮。

元末农民在反元的起义斗争中，前后十七年，大小数百战，给予蒙古贵族和官僚地主致命的打击，从根本上摧毁了元王朝的统治。

历史车轮的每一次向前滚动都体现了人民群众的意志和力量。人民决定了朝代的兴盛更替，百姓乐则国家安，百姓苦则天下乱。重视人民群众的地位，承认人民群众的力量，造福人民大众，才能真正使国家兴旺，民族繁荣。

原文

心诚爱民，智无不及。赤子之生，无有知识，然母之者常先意得其所欲焉。其理无他，诚然而已矣。诚生爱，爱生智。惟其诚，故爱无不周；惟其爱，故智无不及。吏之于民，与是何异哉？诚有子民之心，则不患其才智之不及矣。(《牧民忠告》)

译文

官员思想上要是真的爱民，那么他的才智足以处理一切政事。婴儿出生时，没有知识，但抚养婴儿的母亲常常在他有所要求之前就已经知道了。这之中没有什么其他的道理，只是由于母亲真正爱自己的婴儿罢了。真诚产生爱心，爱心产生才智。正是因为她真诚，爱得才周到；正是因为她有爱，才智才能做好所有事情。官吏和民众之间的关系，和这又有什么不同？只要真有把民众当作婴儿的思想，那么他的才智就可以处理好一切事情。

解读

对民众的爱要出于真心、出自真诚，只有像母亲对待婴儿一样的爱，才能充分发挥自己的才智，才能真正让百姓过上幸福的生活。

案例

爱民如子的好皇帝唐太宗李世民

施行仁政，爱民如子，才能真正管理好一个国家。

唐太宗李世民，在位二十三年，国泰民安，社会安定，经济繁荣，军事力量强大，被人称为“千古一帝”，是中国最有作为的皇帝。

唐太宗深谙爱民之道。他经常告诫百官说：“为君之道，先存百姓。如果剥削百姓来奉养自己，无异于割自己大腿的肉来填饱自己的肚子。肚子虽然饱了，性命却丢了。”他在长安居住的宫殿潮湿，而他身患哮喘病，容易犯病，于是就有大臣奏请，在宫中建造暖阁让他居住，但是唐太宗说：“破土兴工，要花费很多的钱财，当年汉文帝准备做个露台，因为得消耗十家的财力物力而作罢，我哪里比得上汉文帝呢？所以更不可以浪费人力物力啊。”

贞观时期，唐太宗为了使农民能够安居乐业，耕作有时，在经济上推行均田制和租庸调制，减轻农民赋税劳役，积极促进农业的发展。同时号召官员“戒奢从简”，节制自己的享受欲望，革除“民少吏多”的弊政，减轻人民的负担。

唐太宗是一位非常精明的政治家，懂得外要安邦，内要爱民，虚心听取大臣们的建议。有一次，魏徵进谏，言辞激烈，伤了唐太宗的面子，唐太宗回到后宫，大为恼火说：“会须夺此田舍瓮。”意思是总有一天，我要杀了这个乡巴佬。但经过长孙皇后一番劝说后就转怒为喜，并厚待魏徵如初，体现了作为君王的大度和气节。魏徵死后，唐太宗说他失去了一面镜子，非常痛心。

唐太宗还积极发展经济贸易，为商业发展提供便利条件。当时世界上出名的商业城市，有一半以上集中在中国。首都长安和陪都洛阳都是世界性的大都会。

唐太宗即位之初就曾表明：“王者视四海如一家，封域之内，皆朕赤子。”后又说：“朕以天下为家。”正是因为有这样爱民如子的思想，才成就了太平盛世“贞观之治”。

爱民惠民，民心才会相向。百姓安居乐业，千秋帝业可成。

原文

爱民之要尤先于使民远罪。夫民之罹弄，岂皆顽而好犯哉？愚蒙无知，故抵冒而不自觉。今宜以其条律之大者，榜之墙壁明白戒晓曰，某事犯某法，得某罪，使之自有趋避。其或有犯到官，哀矜而休察之，照法所行与杀一等，亦忠厚之德也。若悉欲尽法施行，则必流于酷矣。昔桌茂为密令，谕其民曰："我以礼教汝，汝必无怨恶，以律治汝，汝何所措其手足乎？"吁此仁人之言也！为令者宜写一通，寘之座右。(《官箴》)

译文

爱护百姓，最重要的在于首先使他们远离罪行。百姓遭受刑罚，难道都是凶顽而喜欢犯罪吗？百姓愚昧无知，所以触犯了法律自己不知道。如令应该将一些重要的条律，在墙壁上张榜，明白地告诫晓谕他们说，某种行为触犯某种法律，应该判某罪，让他们自然有所回避。如果有人犯案到官，同情并体察他们的苦衷，按照法律的规定减刑一等，这也显示出忠厚的仁德。如果想要全部按照法律执行，那么必然流于严酷了。当年卓茂担任密县令，对百姓说："我用礼义来教化你们，你们一定没有怨恨；如果用法律来治理你们，你们将手足放在什么地方呢？"哎，这真是仁德之人说的话啊！县令们应该将这句话抄下来，作为自己的座右铭。

解读

官员对百姓的管理，自古以来就认为应该以礼治为先，法律则在其次。

而且法律要明白晓畅，让老百姓容易理解，在判案时对百姓要宽容，因为严刑峻法对百姓的管理是没有什么益处的，用礼法教化才是根本。

案例

“文以靖国”

从汉代开始到清朝末年，中国一直是以礼来治天下，被称为“华夏之族，礼仪之邦”。“礼”，是中国人秉承“敬天”的原始宗教思想，制定的人世间的秩序。“礼”，可以培养人们仁爱之心，规范人们的行为。文治即礼治。

文以治国，武以安邦。宋太祖赵匡胤奉行了“文以靖国”这一理念，实行“抑武”的基本国策，通过设立“誓牌”，尊孔崇儒，完善科举，创设殿试，知人善任，厚禄养廉等一系列重大举措，成为我国历史上最受推崇的一代文治之君。

赵匡胤定国号为宋，含有深远的历史意义和良好愿望。宋朝的汴梁和商丘一带是成汤的发源地，成汤是以仁义治天下的，四方诸侯都因成汤仁德归顺商。后来商纣无道，武王灭商，但是听说纣王的庶兄微子仁德兼备，就让他在他们祖宗汤的发源地商丘一带建立宋国。鉴于五代时期礼崩乐坏，动荡不安，赵匡胤以兵变夺政权，所以以“宋”为国号，意思就是要在宋国的故地建立一个崇尚仁义的国家，兼取成汤之仁，微子之德。

宋太祖以礼治天下。张永德原本是后周皇亲，是位权臣，赵匡胤当皇帝后，在张永德面前，从不以皇帝自居，仍然像从前那样尊称张永德为驸马，而不呼唤他大名，加封他为侍中，授武胜节度使。即使对企图阻挡自己篡位的大将韩通，在其被杀后也追封中书令，下令厚葬，并经常对旁人提起韩通对后周忠心可嘉。

宋太祖在攻打南唐的过程中，用了近一年多的时间围而不打，在劝降无效的情况下，这才发动总攻。赵匡胤还多次下令曹彬“切勿杀害金陵城中百姓”，并要曹彬及其部下将官“焚香为誓”承诺不乱杀无辜后，才下令攻城的，宋军攻入城中果然是军纪严明秋毫无犯，为城中百姓赞叹。

百善孝为先。宋太祖赵匡胤是个出名的大孝子，平时对母亲是百依百顺，其母杜太后是一个母仪天下明达事理的女政治家，杜太后临终的时候，为了防止后周悲剧重演，要求赵匡胤立下誓约“兄终弟及”，必须将帝位传给自己的兄弟，赵匡胤后来果然传位给了自己的弟弟。

法律可以杀人，但是不能够使人有廉洁之心，法律也能够处罚人，但是不能够培养一个人的仁爱之心。教人崇尚礼德，从根本改变人的行为和思想，改变社会风气，才是文明社会的根本。

原文

任官者必须延接贤士大夫，博学儒士、诚实父老，访问民间利病，以通下情，庶不为吏卒欺诳。询访之后，更须隔别审问，有无异同，如果的实，然后折衷（中）施行，不可一概听信，反误大事。权机在我，主之平正而已。更须访问有无放刁把持之人，有则记其姓名，以待其投网治之。又须访其身言书判干济人材及儒士，亦当记之，以候上司不时之需，而不乏人也，此亦为政者所当知。(《官箴》)

译文

为官者必须延纳接待贤良的士人、博学的儒士、诚实的父老，询问民情，来了解下情，才不至于被吏卒欺骗。询访以后，更要分开审问，看有没有异同，如果的确属实，然后才折中施行，不要全部听信，否则反而会贻误大事。决策权在我手中，只要主持公平正直就行了。更要访问有没有刁难敲诈、胡作非为的人，有就记下他们的姓名，来等待他们自投罗网并予以惩治。又需要访问体貌丰伟、言辞辩正、楷法道美、文理优长、办事干练而富有成效的人才以及儒士，也应当记录下来，以等候上司不时的需要，而不至于缺乏人才，这也是为政者所应当知道的。

解读

要想为百姓服务，就要去下边体察民情，这样才不会被下属轻易欺骗。对好的百姓要主持公平，对坏的百姓就要加以惩治，对有才能的人才，就要加以登录，为政府储备人才。

案例

惩奸除私，举贤为国

当政者要善于识才用才，主动体察民情民意，施行仁政。贤能的官员，必定会体察民情，关心民众的疾苦，为国家举荐贤良，爱护人才。

狄仁杰，一生宦海沉浮，但是每任一职，都心系民生，政绩卓著。

唐高宗仪凤年间，狄仁杰担任大理丞，一年中判决了大量的积压案件，涉及一万七千人，循律准确，折诉冤狱，无一投诉申冤，获得当时人们的赞誉，名声四起。他善于体察民情，常常深入百姓之中调查了解情况，熟悉法律案例，刚正不阿，断案如神，成为朝野上下推崇备至的摘奸除恶的大法官。

天元年十月，由于契丹攻陷冀州，为了稳定局势，武则天起用狄仁杰作为与冀州相邻的魏州刺史。狄仁杰到职后，关心百姓疾苦，一改前任刺史驱赶百姓入城，缮修守具的做法，让百姓返回田间耕作，老百姓得以回乡生产，休养生息。契丹人听到狄仁杰治理有方，率军回归北方，魏州百姓避免了重大灾难。当地老百姓感念狄仁杰的恩惠，立碑予以纪念。

狄仁杰善于储备人才，并多次举荐他们，后来这些人都成为了唐代的名臣。通事舍人元行冲，学问渊博，狄仁杰很器重他。元行冲曾经规劝狄仁杰纳才，狄仁杰笑着回答说："我预先储备的人才，怎么可以一天没有呢？"

一次，武则天让他举荐一名将相之才，狄仁杰向她推举了荆州长史张柬之。过了几天，武则天又让狄仁杰举荐将相之才，狄仁杰回答说："前一次我推荐的张柬之，您还没有用呢。"武则天说已经将他提升为洛州司马了。但是狄仁杰并不满意，说："我所推荐的张柬之是可以做宰相的人才，不是用来做一个小小的司马的。"武则天于是又任命张柬之为秋官侍郎，过了很长时间，终于任命他为宰相。狄仁杰还先后举荐了桓彦范、敬晖、窦怀贞、姚崇等数十位忠贞廉洁、精明干练的官员，他们被武则天委以重任之后，政风为之一变，朝中出现了一种刚正之气。有人对狄仁杰说："治理天下的贤能之臣，都是出自您的举荐啊！"狄仁杰回答说："举荐贤才是为国家着想，并不是为我个人打算。"

体察民情，惩奸除私，造福四方百姓，必受百姓爱戴；举荐贤才，知人善任，营建清廉正气，必受人民拥护。

原文

劝农。农之勤惰，一岁之苦乐系焉，其所当为，有不待劝焉者。因时行治，视其辍工废业者切责之，远近闻之，必知自励也。常见世之劝农者，先期以告，鸠酒食，侯郊原，将迎奔走，络绎无宁，盖数日骚然也。至则胥吏童卒杂然而生威，赂遗征取，下及鸡豚，名为劝之，其实扰之，名为优之，其实劳之，嗟夫，劝农之道无他也，勿夺其时而已矣，繁文末节当为略之。(《牧民忠告》)

译文

鼓励农民。农民勤劳还是懒散关系到一年生活的好坏，农事中有些该做的事，农民自己会去做，不需要官员来勉励。根据农时来治理百姓，对不务劳作荒废农田的人切实地督责，各处的农民听到了这件事一定会警惕振作起来。常常看见当代官员下乡勉励农民，下乡前先发一通告示，备好酒菜，让农民聚集在郊野平原，迎来送往，络绎不绝，前后折腾几天。官员到了“劝农”的地方，衙役、小吏、步卒等前后簇拥声势吓人，征用搜取财物，连鸡猪都要。这种“劝农”，名义上是鼓励，其实是骚扰；名义上是勉励农民，让他们年成丰厚，其实是让他们疲劳辛苦。呀！鼓励农民的原则没有其他的，只要在农忙时让他们安心于农事就够了，那些形式上的繁文缛节应该废除。

解读

去下乡劝农固然是好的，但借此机会盘剥百姓就不好了，其实百姓自己就会处理好的。对应到现在，就是有的官员借下乡、下厂之机，顺便对工人和农民进行索贿，这就有悖了原则，所以要坚决杜绝。

案例

朱元璋击鼓劝农

中国是农业大国，农业是国之基础。人不可一日无食，所以鼓励农民耕种，振兴农业发展，也是作为地方官员的责任。

元末明初，人口减少，土地荒芜，军队供给成了最大问题，直接威胁着中央集权的巩固。朱元璋为了振兴农业，用移民屯田、开垦荒地的办法，调剂了人力的不足。

为了不误农时，督促农民按时令季节耕种，朱元璋在各地设置了劝农组织，让一名深谙农事的老人击鼓劝农。每村一面鼓，劝农老者按农时季节，五更击鼓，百姓听到鼓声下田，击鼓人有权责罚偷懒者。如果劝农老人不负责任，贫穷者偷盗犯法后，本乡老人也有罪过。对开垦荒地的百姓，官府免费提供种子、耕牛，遇到灾荒又全部免去租粮。平时，劝农老人必须每月六次手持木鱼，到各村各户宣传勤于耕种的好处，并督促农民搞好农业生产，让乡里百姓二十户或者四十至五十户组成一个团社，遇到农忙季节哪家有病人，团社全体出动帮助耕耘，避免了田荒民饥现象发生。

朱元璋为了鼓励农业生产，对于农业增产有成绩的地方官，加以提拔重用。如太平知府范常积极鼓励农民耕作，为贫民借贷种子千余石，秋季获得丰收，升任平章事。

由于朱元璋注重农桑，支持农民开垦荒地，到洪武十四年，垦田总数达 1803171 顷，占全国官田总数的 1/2。洪武十八年，全国可收入麦米豆谷 20889617 石，到二十六年，增加到了 32789800 石，比洪武十八年增加了 1/3，比元末全国年租粮增加了近两倍。

随着农业生产的发展，社会安定，人口骤增。洪武十四年，全国只有五千多万人，到洪武二十六年，人口已增至六千多万，比元朝极盛时期增加了三百四十多万户，七百多万人。

农业兴盛，则人民富裕，社会安定，调动农民生产生活的积极性，鼓励支持农业发展，是重中之重。

原文

与其劳于已然，孰若警于未发之为愈。若夫使民不为盗，则又在于勤本以致富。勤斯富，富斯礼义生，礼义生，虽驱之使窃，亦必不肯为之矣。故管子谓仓廪实而知礼节，衣食足而知荣辱。谅哉！（《牧民忠告》）

译文

与其在事件已经形成后再去费力地处理，不如在事件产生之前就引起警觉，从而事先处理。至于要让老百姓不去做盗贼，就要让他们能勤奋地从事农业生产而走向富裕。勤劳就能富裕，富裕后才能产生礼义，百姓中礼义的风尚形成了，即使有人要他们去偷盗，他们也不会去做。所以管子说：“仓库里粮食充盈了，人们就知道礼节；丰衣足食，人们就能分辨光荣和耻辱。”这话确实有道理呀！

解读

要想让老百姓不为盗贼，进而不闹事，就要让他们学会勤劳、学会致富，只有富裕了的百姓才知道礼义，这样他们才不会偷盗、不会闹事，所以一定要想方设法让百姓富起来，解决了百姓的衣食住行，谁还愿意为贼呢？

案例

贞观之治

民富则国强，国泰则民安。老百姓能够安居乐业，过上幸福的生活，社会才能够安定和谐。

隋末唐初，由于多年战乱，天下盗贼很多。有一次，唐高祖李渊审问一个偷盗的犯人："你为什么要做贼呢？"犯人回答说："家里很穷，饥寒交迫，没办法，只好做贼。"唐高祖李渊感叹道："是我没有管理好国家，让你们贫穷，这都是我的过错。"于是就放了那个盗贼。

唐太宗继位后，与大臣们一起商议议论防盗的事情。大臣中有人建议用严刑来制止。太宗说："老百姓所以做盗贼，是由于劳役赋税繁重、官吏贪心剥削，使得老百姓无法活下去，因而顾不得廉耻了。我们应当去掉朴素糜费、减轻劳役和赋税、选拔清廉的官吏，使老百姓衣食有余，这样他们自然就不会去做盗贼了。哪里用得着重刑呀？"

在唐太宗的带领下，全国上下一心，经济形势很快得到了好转。当时的社会秩序也变得好得令人难以置信，全国判处死刑的囚犯只有二十九人。632年，死刑犯增至二百九十人。这一年的年末，唐太宗李世民准许他们回家办理后事，明年秋天再回来就死（古时秋天行刑）。第二年九月，二百九十个囚犯果然全部回来了，没有一个逃亡。唐太宗在位期间，勇于听取大臣的意见，官吏们各司其职，人民安居乐业，不公平的现象少之又少，国人心中没有多少怨气。丰衣足食的人不会为生存铤而走险；心气平和的人也不易走极端，因此犯罪的概率也就少之又少。

到了贞观九年，牛马遍野，百姓丰衣足食，夜不闭户，道不拾遗，出现了一片欣欣向荣的升平景象。杜甫写道："九州道路无豺虎，远行不劳吉日出。"形容当时社会安定，路上没有拦路打劫的盗匪，人们出门再也不用挑选日子的景象。

人民的生活只要勤劳致富有盼头，就不会铤而走险去偷盗抢劫，社会才会安定和谐。

原文

各处河道以及田间道旁沟渠，旱则宜蓄以资灌溉，潦则宜洩以防渰淤。是水利一道，有关于民生甚钜，为有父母斯民之责者第一要政。果能乘此农隙之时亲行境内，查胆故有河道沟渠，塞者通之，浅者深之，淤者起之，有关于邻封者详明关会、协力以治之，务期有益于民生。(《牧令书辑要》)

译文

本县所辖各地的河道及田间沟渠，天旱前应该蓄足水以便灌溉，暴雨积水后应该排水以防滞水淹没良田。这说明水利是民生的一个非常重要的方面，也是地方父母官的首要政务。地方官如果农闲时真能在辖区内亲自安排兴办水利，查明已有的沟渠河道，堵塞了的予以开通，浅的予以加深，淤填了的把淤泥挖出来，与邻县边界有关的水道，详细注明后知会对方，一起同心协力地去治理，务必要达到对老百姓的农事有益的目的。

解读

水利是古代最重要的政务之一。所以为官之人，一定要在水利方面加大力气，想办法去疏通河道，防止水灾。对现在来说，就是要搞好百姓无法单个完成的大的工程，做好基础设施建设，让百姓的生活更加便利。

案例

王景筑堤，千年无患

中国地大物博，河流众多，常常因为水患水灾，给人民生活生产带来巨大的损失。因此，赈水灾，治水患，兴修水利就成为了古代官员最为重要的政务之一。

黄河决口，在汴渠一带泛滥了六十多年，兖（今山东金乡东北）豫（今安徽亳州）地区多被水患，经年失修，百姓怨声载道。

永平十二年，汉明帝召见王景，询问治水方略。王景全面分析了河汴情形，应对精辟，明帝大为欣赏。于是派他治理黄河、汴渠。临行之前，汉明帝还将《山海经》《河渠书》《禹贡图》等书赠送给他，对他寄予了厚望。

永平十二年夏四月，王景与助手王吴率数十万民工开始治理黄河。王景亲自实地进行考察，勘测地形，规划堤线，排除了任水自流的思想，反对恢复禹河故道，与王吴一起根据地势开山凿路，引流分渠，修筑堤坝，从荥阳以东到千乘海口长约千余里。然后着手整修汴渠。汴渠引黄河水通航，沟通黄河、淮河两大流域，是始于战国时期的重要水运通道。它从郑州西北引黄河，经过开封、商丘、虞城、砀山、萧县，至徐州入泗水，再入淮河。由于黄河水流流势经常变化，如何保持取水的稳定是一大难题。汴渠位于黄河以南平原地区，黄河向南泛滥之时往往被冲毁。黄河汛期时，引水口控制不好，进入渠内的水过多，汴渠堤岸也有溃决危险。王景在对汴渠进行了裁弯取直、疏浚浅滩、加固险段等工作后，又“十里立一水门，令更相洄注，无复溃漏之患”，改善了汴口水门工程，实现了“河汴分流”。虽然王景注意节省费用，耗资仍达一百多亿钱。

永平十三年夏四月，所有工程完成，收到防洪、航运和稳定河道的巨大效益，黄河不再四处泛滥，泛区百姓得以重建家园。明帝在完工后亲自沿渠巡视，并按照西汉制度恢复河防官员编制。王吴等随从官员，都因修渠有功升迁一级，王景则连升三级为侍御史。

王景筑堤后，黄河经历八百多年没有发生大改道，决堤溢堤为数不多，选定的河道位置也非常理想。后世之人称，王景治河千年无患。

水利事业乃是国计民生的大事，关系到社会的安定、政权的兴衰，重视水利建设也是为官之重任。

原文

多方救赈。天所畀人富与贵者，非欲其自裕，盖将使推所有以济人之不及也。饥者，食之；寒者，衣之。斯不负天畀之富矣。直者，举之；枉者，错之。斯不负天畀之贵矣。然富贵而能若是者，其惠在人而善则己，名为惠人，实自惠也。故古之有民社者，或不幸而值凶荒夭札之变，视其轻重，必有术以处之；或私帑之分，或公廪之发，或托之工役，或假以山泽，或己负蠲征、募粜劝粜，或听民收其遗稚，或命医疗其疹疾，也可以拯其生者靡微不至。盖古人视民如子，天下未有子在难而父母坐视不救之理也。呜呼！凡牧民者其以古之人为法，庶无彼我之间哉！（《牧民忠告》）

译文

想方设法救济灾民。上天给予一些人财富和官位，不是让他们只顾自己富裕，而是要他们利用自己的财富去帮助那些困难的人。有人挨饿，就给他们粮食；有人受冻，就给他们衣裳。这样才不辜负上天给予他们的财富。发现有正直的人，就举荐他们；发现有邪辟的人，就罢免他们。这样才不辜负上天给予他们的官位。富贵的人就像这样去做，好处给予了人但善行却归自己，名义上给人恩惠，实际上自己也得到恩惠。因此古代的统治者在不幸地碰上饥疫流行的年头时，根据灾情的轻重采取一些方法去救灾：或分发私人财粮，或分发公家财粮，或兴建工程，招雇灾民，发工钱让他们度过灾荒，或让他们到自己或公家的山、湖谋利度灾，或自己负担减免征收的税、征集粮食，劝富人卖出粮食，或准许民众收养灾民遗弃的幼儿，或命令医生给灾民治病，凡可以用来拯救灾民的方法都要想方设法用上。古人把民众当作子女看待，世上没有子女受难而父母坐视不救的道理。啊！希望凡是治理民众的官员都以古人为榜样，那么官民之间才不会产生隔阂！

解读

古代由于科技不发达，而灾难又多，所以特别注重灾难的防治。所以这里提出要在灾害来临时，积极救治灾难，让百姓早日脱离苦海。当代的灾难主要应注意及时，尽快使其恢复重建，搞好人们的心理治疗，以稳定百姓之心。

案例

范仲淹创意解危难

政府是灾害赈济的主力，也是赈款的主要来源。当灾难来临之时，积极救治灾难，采取各种办法让老百姓脱离苦海，是作为一个父母官必须尽到的职责。

宋朝的范仲淹以“先天下之忧而忧，后天下之乐而乐”为己任，勤政爱民，为官清廉。

范仲淹在主管浙西的时候，遇上百年大旱，当时饿殍遍野，朝廷的救济粮也只能是杯水车薪。范仲淹想，每天有这么多的灾民等待救济，人心不能安定，如果这些灾民长期不劳而获，还会养成懒惰的习惯。怎么样才能够让百姓有事情做、通过做事来获得收入呢?

范仲淹通过了解民情民风，知道当地人喜欢赛龙舟、做佛事，就鼓动寺庙搞建筑，他神神秘秘地对方丈们说:“现在修建寺庙正是时候，物价低廉，人工费用也很低，等到大旱过去，物价工钱都会上涨，现在修建多划算啊。”方丈们听了都很动心，于是寺院修建建筑，招募了很多劳动力，拉动了地方内需，增加了就业机会。他还策划举行龙舟比赛，让富户商家冠名赞助，同时给参加活动的人发放劳务费用，自己则每天坐着游览船，喝酒游玩，向民众打招呼，把自己当作一个活广告，向民众示意安详，安定人心，让当地人安心恢复生产和文体活动。

这样一来，范仲淹受到某些别有用心的人的弹劾，范仲淹毫不在意，安心等待调查结果。很快，朝廷调查后也很认可他的这种赈灾办法，认为他不是机械地、简单地赈灾，而是很有创意地赈灾，是顺应天时地利人和地赈灾。此非常之功，只有范仲淹这样的非常之人才能办得到。

开仓放粮，是灾难来临时的普遍做法。但是能够像范仲淹这样做到安定人心、让人们安居乐业的官员则是技高一筹。

原文

鳏寡孤独，王政所先，守令常加存恤，或有恃强凌弱，欺灭孤寡者，则绳之以法。其科差之际，亦须量免重难，使之自存可也。(《官箴》)

译文

鳏寡孤独的人，是仁政优先照顾的对象。太守县令要常常加以抚慰救济，如果有人恃强凌弱，欺负蔑视孤寡之人，就将他们绳之以法。在摊派差役的时候，也要酌量减免，不让他们受繁重艰难之苦，能够自己活下去就行了。

解读

鳏寡孤独之人是政府优先考虑的人，这在现代也是应该在做的，国家要拿出一些救济的钱粮加以救济。如果有人欺负他们，就将这些坏人绳之以法，总之就是要救助贫弱之人。

案例

文帝仁德治天下，鳏寡孤独振贷之

尊老爱幼，是中华民族的优良传统。老有所养，是每个政府都应该重视的问题。

汉文帝曾经在诏书中这样写道：“方春和时，草木群生之物皆有以自乐，而吾百姓鳏、寡、孤、独、穷困之人或阽于死亡，而莫之省忧。为惘父母将何如？其议所以振贷之。”春暖花开，万物复生，许多君主这时想到的不是出巡，就是游猎，要么就是躲在后宫里和嫔妃美人厮混，然而忠厚的汉文帝，这时想到的却是百姓中的鳏寡孤独之人，想到自然界一片欣欣向荣，他们却无以为乐，于是下诏慰问。

汉文帝非常重视养老问题，他推行“以孝治天下”，为了体恤老人、减轻子孙养老的负担，规定对56岁以上的老人，免征120钱的人头税。

孤寡老人无儿孙赡养，为了让他们有经济来源以改善生活，汉朝实行特殊的优惠政策，规定孤寡老人到市场上做买卖，无须缴纳租税。在汉朝，酒是政府专卖的，但为了体现国家对孤寡老人的照顾，政府允许孤寡老人开店卖酒。

为了鼓励养老，汉朝还规定，老人的子孙也可以享受减免赋税的优待，如果家中有80岁以上的老人，则可以免掉两个子孙的人头税。愿意赡养孤寡老人的人，也可以享受免税的待遇。

而在服役方面，则规定56岁以上的老人不用服徭役，对于九十高龄的老人，其家属也免除徭役。

为了保证养老政策，汉朝还用法律规定，不赡养老人的人要在闹市中执行死刑并将犯人暴尸街头。对父母、祖父母等长辈不敬也是重罪，子女杀父母或祖父母，即使没有成功，也要判处弃市，殴伤长辈同样要受弃市之刑。

文帝一番爱心，汉朝这番策略，最终赢来了太平盛世——文景之治。

老有所养，老有所依，老有所乐，也是我们现代文明社会的一个重要课题。人终有一老，现代人老龄化问题严重，需要全社会树立一种尊老、爱老、养老的风尚和氛围，执政者尤其要注重养老问题。

原文

收抚遗弃。凡任宅生字民之寄。要须视民如子，一人号呼，不得其所，当任其咎。且岁饥遗弃孤幼于道者纷纷，不收而字之，何以为民父母？（《官箴》）

译文

收养被遗弃的孤儿。凡是被任命为安抚教养百姓的官员，最重要的是要把人民看作自己的子女。即令只有一个人呼号，不能得到适宜的处所，当官的应当负起责任，受到责备。何况因为年成饥馑而被遗弃在路上的很多年幼孤儿，当政的官员不收容抚养他们，哪里还配得上称为民众的父母官？

解读

对于遗弃的孤儿，当官之人要积极加以收治抚养，不能任其流落街头。官员要为贫苦之人多考虑，因为中国向来有官员是父母官的概念。所以一定不要落下任何一个百姓的幸福，要发誓为每一位百姓的幸福负责任。

案例

幼吾幼以及人之幼

收养、照顾和关爱弃婴、孤儿以及失去奉养的鳏寡孤独老人，是全社会特别是政府的责任，是一个政府应有的责任和担当，也体现出对生命的关爱和尊重。作为政府官员，更应该要主动关心和关爱。

我国自古以来就有收养孤幼和穷人的场所，譬如，南北朝设置的“孤独园”，隋唐时期的“病坊”，尤其是宋朝时期，设有专门的慈幼机构，称作婴儿局、慈幼局、举子仓和慈幼庄等。

宋神宗时，苏轼在任密州太守之时，正赶上当年蝗灾和旱灾泛滥，老百姓食不果腹，啃树皮吃泥土，很多人家被迫扔掉自己的孩子。苏轼不仅亲自下田投入灭蝗抗旱斗争，为民请命，请求豁免秋税，而且对贫苦百姓被迫遗弃孩子充满同情心，因此特别留余一些粮食专门收养弃儿，每月发放粮食六斗。由于措施得力，儿童和其养父母均能享有父母之爱，活下来的人竟然达到上千人。过了十年之后，苏轼因为到登州赴任再次途经密州时，那些曾被收养的弃儿及其养父母，都相继赶往州衙拜谢救命恩人，场面极为动人。

宁宗嘉定十年（1217 年），江东转运使真德秀创办建康慈幼庄，利用没官田产收入作为不动产，对遇灾而生的流浪儿童予以救助，成立了更加健全的独立的幼儿救助机构。真德秀还制定了详细的章程，对小儿的抚养、收养年限、小儿病葬处理等均有详明规定。以至于慈幼庄“愈四十年相仍不废”。于是，以慈幼局为典型的宋代流浪儿童救助机构逐渐在全国推广开来。及至南宋末年，官方设立的慈幼局已十分普遍。

由于宋政府的一贯重视，慈幼局在拯救弱势幼儿方面收到了很好的效果。

孟子在描述他所理想的社会时说：“老吾老以及人之老，幼吾幼以及人之幼。”关心和关爱那些被遗弃的孩子，使他们能够健康成长，是为人父母官应尽的职责啊。

原文

无轻役民。公廨有倾则必修，有敝则必葺，无致因循颓毁以贻后费。至利民之事，如建学校、开沟渠、筑堤防、立城壁之类，必于农隙尽心力而为之。若起台榭、广园沼，以为无益之观美者，力有未及宜小缓，盖劳民役众，宁无怨嗟？和买竹木，宁无骚动？在审其缓急轻重耳。(《州县提纲》)

译文

不要轻易役使民众。官署要倾倒时必须修建，有损坏时要修葺，不至于一拖再拖，完全毁坏后重建花费更大。至于那些有利于民的事，如建学校、开沟渠、筑堤防、建城墙之类，必定要在农闲时尽心尽力地去做。至于修建楼台亭榭、扩大花园游湖，以作为无益于国计民生的游览场地，在财力物力不足时应暂时缓建，役使民众从事这些不急之务，他们岂能没有怨言？事先订购竹木等建筑材料，民众难道不会反对？处置这类事时，要想得当，全在官员区别它们的轻重缓急罢了。

解读

民众的力量是强大的，但当官之人要学会惜民力，特别是对一些不太重要的政府的亭台楼阁，如果把财力物力都用在这些上面，民众都会看在眼里，心里就会有怨言，所以政府一定不要把民力耗费在一些不重要的事情上面，一定要做有利于人民的事。

案例

阿房，阿房，灭始皇

俗话说：“水能载舟，亦能覆舟。”大兴土木，劳民伤财，人民必定怨声载道。只要百姓心生怨恨，聚众闹事，国家没有不灭亡的。

秦始皇在消灭六国统一中国以后，志满意骄，为了巩固政权，他开始无休无止地征调赋税和夫役，修长城、建宫殿、筑陵寝、开边戍守，使刚刚脱离战乱之苦的老百姓，又陷于疲于奔命的劳役。

秦始皇很喜欢六国华丽的宫殿，所以，每当灭掉一个国家，他都要让人将宫殿的图画下来，然后在咸阳照样仿造。秦始皇建了很多的宫殿，仅咸阳的周围就建有宫殿二百七十多座，行宫在关外有四百多座，关内三百多座。在这些宫殿，最有名、所建宫殿中规模最大的的就是阿房宫。据《史记·秦始皇本纪》记载：“前殿阿房东西五百步，南北五十丈，上可以坐万人，下可以建五丈旗，周驰为阁道，自殿下直抵南山，表南山之巅以为阙，为复道，自阿房渡渭，属之咸阳。”其规模之大，劳民伤财之巨，可以想见。工程还没有完成秦始皇就死了，秦二世胡亥调修建阿房宫工匠去修建秦始皇陵，后继续修建阿房宫，但秦王朝很快就垮台了。古有童谣唱道：“阿房，阿房，灭始皇。”

另一个宏伟的工程是修建秦始皇自己的骊山墓。秦始皇即位初就开始修建陵墓，直至公元前 210 年入葬。陵墓的修建工程长达 37 年。陵墓修建得异常豪华。因为墓室很深，为了阻止泉水进入，采用铜汁浇铸。墓顶则用无数珠宝镶嵌，做成日月星辰的样子，底部用水银做成江河湖海的样子。墓室里还有文武百官排列两边，一切都仿照他在世时的样子。为了防止偷盗破坏，墓中遍设机关，如有人进入，弓箭会自动发射。

秦始皇好大喜功，穷奢极欲，动用大量的人力物力为他建造宫殿和陵墓，被征去修阿房宫、陵墓、筑长城达 200 多万人，秦始皇的暴政，给自己种下覆灭的恶果。

无度地驱使百姓劳役，劳民伤财，只会带来财政的空虚，人民的怨恨，最终不会有好下场。

清廉卷

第九

原文

居官首重维清，察吏莫严于守。故爵位虽有崇卑，究以不贪为宝；才具虽有长短，要必无欲则刚。是操守实立身之根基，而持廉乃计吏之先务，家本富也，素封之室，仕非为贫，固当慎取与于一介；家本贫也，淡泊之风，安之若素，尤当懔暮夜于四知。(《抚豫条教》)

译文

当官之人最看重的是清廉，检查官吏时最严格的方面是操守。因此爵位虽然有高低之分，总是把不贪作为最宝贵的品质；才能虽然有长短之别，都必须做到没有欲望才能坚强不屈。如此看来，操守确实是站稳身子的基础，坚持廉洁乃是考察官吏时最重视的一个方面，家境本来富裕，甚至称得上巨富，那么出仕为官并不是因为贫穷，对于获取点滴财产本来就应当审慎；家境本来贫穷，又已养成不追求名利的作风，那么当官时就应该保持以前的优良品德，特别要把暮夜拒金的“四知”作为座右铭。

解读

为官最重要的就是要清廉，清廉就没有把柄让人抓，就会禀公办事，就会有做一个好官的基础。清廉的例子有很多，东汉时的杨震曾拒绝一个在深夜里送金的人，以天知、地知、你知、我知之“四知”，驳斥赠金者所说之无人知。

案例

以廉为金，不贪为宝

执政以廉为本，为官以勤为先。清正廉洁，是中华民族的传统美德，更是做一个好官的根本。

春秋时期，宋国司城子罕清正廉洁，受人爱戴。

有一天，一个人在山上得了一块宝玉，色泽晶莹剔透，经玉工鉴定，成色是最好的。这个人就想："宝贝放在我这里，我还得担心它被盗，不如把它送给一个当大官的人，还能留下一份人情，以后办事也方便。"

于是，他就带着宝玉来到了京城，把它献给掌管工程的大臣子罕。子罕看到宝玉，就问这个人："你把如此贵重的宝物送给我，大概是要我帮你办什么事情吧？不过，我从来不接受别人赠送的礼物。"这个人连忙说："我并没有什么事情要您帮我办。这块玉是稀有的宝贝，所以，我要献给您。"

没想到，子罕再次拒绝道："我还是不能收下这块玉。因为如果收下了，你和我都将失去宝贝。"

这个人不明白子罕的意思，瞪大眼睛看着子罕。子罕解释说："我做官，以不贪为宝，而您以玉石为宝，您把玉石送给我，您就失去了宝贝，而我接受了玉石，则丧失了不贪这个宝贝，所以，我们都将失去宝贝。我们还是各自保存自己的宝贝吧。"

这个人见子罕不肯收下这块宝玉，只好无可奈何地说道："我留着这块宝玉只会心神不安，担惊受怕，如果拿到市场上去卖，恐怕不能卖个好价钱。所以还是请大人您把它收下吧。"

子罕想了想，将宝玉暂时留下，请了一位手艺精湛的玉工将玉石雕凿，把它送到市场上卖掉，把钱交给了那个人，并派人护送他回家。

宝为何物？世间有以金银为宝之人，有以玉石为宝之人，而子罕独以不贪为宝，以廉为金，君子坦荡荡，赢得美誉。

清正廉洁是为官之本，是执政之基。固守清正廉洁是一种境界、一个信念、一份承诺。一个人一旦廉洁出了问题，就会以权谋私、贪赃枉法、腐败堕落，那么再强的能力也等于零，再高的水平也白费，再大的功劳也将是徒劳。

原文

廉耻，立人之大节。盖不廉，则无所不取；不耻，则无所不为。为人而如此，则祸乱败亡，亦无所不至。况为大臣而无所不取、无所不为乎！耻尤为要，人之不廉，而至于悖礼犯义，其原皆生于无耻也。故士大夫之无耻，是谓国耻。(《日知录》)

译文

廉洁和知耻，是做人的两项重要品行。不廉洁，则无所不取；不知耻，则无所不为。做人要是既不廉洁又不知耻，那么祸乱败亡就会都降临到他头上。何况当大臣的人无所不取、无所不为时！知耻特别重要，人不廉洁以至于违反礼制，冒犯公认的原则，其根子都是因为不知道耻辱。因此说士大夫不知耻就是“国耻”，使国家蒙受耻辱。

解读

当官之人之所以不廉洁，是因为不知道耻辱。不知耻，才无所不为；无所不为就无所不取，那贪腐自然是其中之一。而当官之人，一定要先知耻，把不廉洁不但看成是自己的耻辱，更要看成是国耻。

案例

知廉耻郭琇改过

史上清官很多，清官把持不住变成贪官的也很多，但是由贪官变成清官的却不多见。但郭琇就是这样一个。

郭琇，山东即墨人士。小时候家里很穷，曾在荒无人烟的深山中读书，磨炼自己的意志，家里耕地、挑水、烧饭都是自己一个人亲自操持。后来当了江苏吴江县令，其上司是个贪婪的人，起先，郭琇认为："如果我不能填他的贪壑，就得丢官，丢官就不能替老百姓做事了。但我自己还是可以保持自己的清廉。"但是，抱着这样的思想，很快，郭琇就和上司一样开始贪污，并且到处游山玩水，对待政事也没有刚开始做官时认真负责了。不久，江苏巡抚更换，清正廉洁的汤斌上任，听到传言说郭琇做官不廉洁，打算上奏弹劾。

郭琇听说以后，后悔万分。想起当初自己曾立志要为老百姓做事，做个好官、清官，如今自己却和他人同流合污，羞愧不已。于是，郭琇去求见汤斌，立志改过自新。他说："从今以后我一定改过自新，请您宽限我一个月的时间，如果我不痛改前非，就任凭您处置。"汤斌点头答应，并训诫他重新做人，要做个清廉勤政的好官。

郭琇回去后，和衙役一起担水，刷洗县堂及内室，告示民众自己将痛改前非，并说："前县令郭琇已经死了，今天开始又一郭琇重生。"

郭琇发誓改过自新以后，果然严以律己，民风也跟着好转起来，弊端也越来越少，郭琇也更加勤于政事，以仁政治民，因政绩卓著，改任都察院左佥都御使，并以为人正直清廉名镇朝廷内外。他在做湖广总督的时候，很短的时间内，贪官污吏都遭到弹劾。他不仅自己清廉不贪，而且胆量过人，敢于揭发朝廷的不法行径，那些结党营私，背公纳贿之徒都非常害怕他。

郭琇由于年少疏忽，沾染了贪污的习气，由于汤斌的训示磨砺改过，成就了他晚年的盖世功名，成为了康熙年间的刚正名臣。

为官贪则腐，不廉则败，终将被人唾弃；廉洁知耻，并勇于改过，自然会名垂千古，万世流芳。

原文

世之廉者有三：有见理明而不妄取者，有尚名节而不苟取者，有畏法律保禄位而不敢取者。见理明而不妄取，无所为而然上也；尚名节而不苟取，狷介之士其次也；畏法律保禄位而不敢取，则勉强而然，斯又为次也。(《薛文清公从政录》)

译文

社会上廉洁的官员可以分为三种：有的人真正懂得为什么要廉洁而不非分获取，有的人崇尚名节而不随便获取，有的人害怕法律制裁、想保住官职而不敢获取。第一种人没有干一点不廉洁的事，这是最好的；第二种人属于拘谨自保，这稍微要差一点；第三种人勉强能做到不贪污，这比第二种人还要低一点。

解读

官员有了权力，欲望就会膨胀，为了谋取利益，廉洁就会远去。古人认为廉洁有三种，而最好的就是要从内心懂得为官清廉是为官的本分，为了名节或害怕制裁都是次之的，而现在的官员都是为了最次之而不贪污，真是世风日下。

案例

明理不妄取；为节不苟取；求禄不敢取

社会上廉洁的人分为三类。

第一类，是真正为国家和人民利益着想、深明大义的人，这种人，为了远大的目标，不惜牺牲一切，过着简朴的生活，深受百姓爱戴。

清朝大学士于成龙就是这样的人。于成龙一生，二十余年宦海生涯中，以卓著的政绩和清廉奉节深得百姓爱戴，以“天下第一廉吏”闻名于世。

于成龙带头实践“为民上者，务须躬先俭朴”。他在江南，每餐仅吃一碗粗粮，一碗青菜；去直隶，和仆人一起吃杂粮屑糠粥。不仅如此，于成龙还猛杀贪腐风气，把整顿吏治工作放在首位。他利用中秋节向他行贿的官员开刀，惩一儆百，并颁布法令,《兴利除弊约》，举优劾贪，宽严并济，所到之处，官员无不小心翼翼不敢奢靡腐化。

于成龙做官二十几年，到死的时候，家里的木箱中只有一套官服，饭桌之上只有冷菜剩饭，平常穿的衣服和鞋子都已经破了，没有其他的东西。当时老百姓十分悲痛，罢市痛哭。康熙皇帝破例亲自为他撰写碑文，对他廉洁刻苦的一生进行表彰。

第二类，是为了保全自己的名节，洁身自好，不肯同流合污的人。这种人，气节高尚，不肯因为贪污破坏了自己的名节。

西汉著名史学家司马迁在任太史令时，朝中的将军李广利千方百计想拉拢他，派家人给他送来了一对珍贵的玉璧。司马迁的女儿看见了这对晶莹透亮的玉璧十分喜欢，想留下来。司马迁却教育女儿说：“玉璧贵在无瑕，人也应该如此。如果我收下了这对玉璧，心灵上就会留下污点，还会受到别人的制约。”说完，便命人将玉璧归还。

第三类，是为了害怕法律的制裁，保住自己的官位，而不敢收取贿赂的人。这类人也不在少数。

公孙仪是战国时代鲁穆公手下的丞相，他非常喜欢吃新鲜的鱼。他刚做丞相之时，许多人都争相送鱼给他，他都拒绝了。公孙仪的学生不解，公孙仪解释说：“正因为我喜欢吃才不能收。如果我为了吃几个鱼，落下个受贿的坏名声，只怕会丢掉丞相的官。到那时，我想吃鱼恐怕也吃不到啦。”

虽然，公孙仪的境界不能和于成龙、司马迁相提并论，但是他那直白的言论，不贪的行为，还是值得人们欣赏。

世上无论是哪种廉洁的人，比起那些为了一己私利徇私枉法的贪官，境界都要高出许多。

原文

君子虽富贵，不以养伤身；虽贫贱，不以利毁廉。知为吏者，奉法以利人；不知为吏者，枉法以侵人。理官莫如平，临财莫如廉。廉平之德，吏之宝也。非其路行之，虽劳不至，非其有而求之，虽强不得。知者不为非其事，廉者不求非其有。是以远害而名彰也。故君子行廉以全其真，守清以保其身。(《臣轨》)

译文

君子即使富有、地位高，也不因为滥吃而伤害自己的身体；即使贫穷、地位低，也不因为牟利而毁掉自己廉洁的品行。知道怎样做官的人，遵守法制以利民众；不知道怎样做官的人，破坏法制以害民众。处理官事，最重要的是要做到公平；取予财物，最重要的是要做到廉洁。廉洁、公平，是官吏最宝贵的品德。沿着不是通往目的的路走，虽然辛劳也不可能走到；求取不是自己应该得到的东西，虽然强求，也不可能得到。聪明的人不做自己不该做的事情，廉洁的官不求自己不该得的东西。因此他们都能远离灾祸而名扬四海。所以君子奉行清廉以保全自己的天性，坚守清廉以保全自己的生命。

解读

不要因为自己现状的苦乐而失去保持清廉的品质。如果随意改变，就会失去一个为官的根本，从此走上不归路，最后失去自己的生命。

案例

一代名相晚节不保

廉政的品质使人奋进，贪婪的欲望使人堕落。地位越高，越要注重自己的品行，约束下属和家人的行为，否则，不仅会失去清廉的品质，还会失去为官的根本，走向堕落的深渊。

明代宰相徐阶曾对国家的安定做出了很大的贡献。他做了宰相之后，革除旧体制中的弊端，十分注重人才的选拔，先后举荐海瑞、张居正、戚继光等一批贤良的人才进入内阁。他还主张合议制度，认为事情的评判由众人合议比较公正，而公正是所有美德的基础；独断专行就是自私，而自私会导致百弊丛生。为了整治吏治，杜绝贪污腐败，他还提出办理公事，一律到吏部衙门，不准到私宅，杜绝开后门，走路子，选拔人才主要看政绩等一系列政策，一时成为众望所归的名相。

然而就是这样一个有作为的大臣，却在晚年犯下了大错。他的儿子们倚仗着父亲的权势在家乡强抢民宅，侵占田地二十四万亩，引起了巨大的民愤，在舆论的压力下，徐阶不得不被迫辞官。但是，他并没有真正认识到自己的错误，而是在错误的道路上越走越远。1659 年，吴中一代发生饥荒，海瑞奉命前去赈灾，为了发动富人捐助，海瑞首先来到了徐阶家，希望得到徐阶的支持和配合，但是贪财的徐阶不愿退还百姓的田地，于是暗中消极抵制，并悄悄地指使朝中的党羽弹劾海瑞，致使海瑞被罢官。

徐阶的做法不仅引起了老百姓的公愤，还被他的政敌抓到了把柄。不久，徐阶的两个儿子一个被判充军，另一个革职为民，他家的万亩田地也被没收充公了。

一代名相就这样有好始而无善终，自甘堕落，终于落得个万人唾骂的下场。

古往今来，有多少人倒在贪婪的脚下。失去了清廉，就失去了为官之本，失去了民心，其危害必定后患无穷。

原文

清不可刻。清特治术之一端，非能是遂足也。尝有洁己之吏，傲人以清，为治务严，执法务峻，雌黄在口，人人侧目。一事偶失，环聚而攻之。不原其祸所由起，辄曰廉吏不可为。夫岂廉之祸哉？盖清近于刻，刻于律己可也，刻于待人不可也。（《学治续说》）

译文

为官应做到清廉，但不可苛刻。清廉只是为官施政方法中的一种，不是能做到这一点便足够了。曾有一些能行廉政的官吏，以清廉自傲，治事时特别严厉，执法时特别严酷，随意评论他人，以致人人怨恨。当他偶尔没有做好一件事，便遭到他们的围攻。他自己不深究遭到围攻的原因，则说廉洁的官不好当。这岂是廉政带来的灾祸？清廉近于苛刻，对自己苛刻要求，是可以的；苛刻地要求别人，则不可以。

解读

清廉为官固然是最宝贵的品质，但这不是为官的全部。如果以清廉为由，就为政严酷、颐指气使，只会招来别人的怨恨，这样也就不是一个好官了。要知道清廉不要过于苛刻，不要因清廉而带来灾祸。

案例

酷吏张汤遭排斥，招怨致祸自戕亡

为官清廉固然很好，但是如果因此执法时苛刻待人，以致招人怨恨带来灾祸就不好了。

张汤，西汉杜陵人。因治陈皇后淮南、衡山谋反一事，深得汉武帝赏识，位居太中大夫、廷尉、御史大夫。但他死的时候，家里财产不足五百金，而且都是皇上的赏赐，没有其他产业，不能不说他是个清廉的官。张汤为官清廉，但是，执事之时非常严厉，执法严苛，是有名的酷吏。

有一年，崤山以东干旱，老百姓流离失所，都依靠官府供给食物，官府库存空虚。张汤按照武帝的旨意，制造白金货币及五铢钱，垄断盐铁的生产和买卖，排挤富商大贾。还公布告缗令，剪除豪强兼并的家族，舞弄文辞，巧言诋毁以辅助法令的施行。张汤每次上朝奏事，谈论国家的财用，经常到了晚上忘记吃饭，汉武帝很多国事都听张汤的意见。张汤经过周密的考虑和研究，决定制定“知罪不举发”和“官吏犯罪上下连坐”等律法，专门用来限制职场官吏。消息传出，弄得满朝文武人心惶惶，公卿们带了重礼来到赵禹家，劝说张汤不要把律法定得如此苛刻。谁知张汤丝毫不加理会，硬是把他们送来的重礼一一加以退还。因此，上至公卿以下的官员，下至平民百姓，都很排斥张汤。

张汤为官苛刻，得罪了很多人，这些人，就多次寻找对张汤不利的证据，都没有得逞。赵国靠冶炼铸造盈利，赵王刘彭祖多次指控铁官，张汤却很不喜欢赵王。赵王对他心怀怨恨，上书告发张汤，武帝将此案交给减宣处理。张汤曾经得罪过减宣，减宣于是趁机报复，和对张汤心怀不满的三位长史一起陷害张汤。张汤不服，汉武帝又派赵禹前去责备。赵禹见到张汤后，责劝张汤说：“您怎么不懂分寸，您审讯处死了多少人，如今人们指控您的事情都有根据，皇上很重视您的案子，想让您自己妥善处置，为什么要多次否认呢？”张汤于是上书谢罪说：“张汤没有尺寸的功劳，从刀笔吏起家，因得到陛下的宠幸而官至三公，没有任何可开脱罪责之处。然而阴谋陷害张汤的，是丞相府的三位长史。”张汤被迫自杀而死。汉武帝得知真相后，将丞相府的三位长史等人诛杀。

为官清廉而严苛待人，以致人人怨恨，终不得善终。只有严于律己，宽以待人，赢得良好的人际关系，才不会遭到旁人的嫉妒、诋毁甚至围攻。

原文

惟（唯）俭足以养廉。盖费广则用窘，盻盻然每怀不足，则所守必不固，虽未至有非义之举，苟念虑纷扰，已不克以廉靖自居矣。(《从政遗规》)

译文

只有在俭朴的基础上才能做到廉洁。开支一大则用度必然窘迫紧张，总觉得钱不够用，满脸都是怒色，那么平明的操守必然得不到坚持，即使还没有发展到违法乱纪的地步，如果整天都考虑经济问题，就已不能做到廉洁、息事安民了。

解读

清廉是一种道德问题，既然是道德问题，有个词说得好：俭以养德。如何清廉，就是要从自己做起，讲求节俭，如果用度太大，必然就会有了不够用的想法，这样清廉的底线就会崩溃，道德也就沦丧了。

案例

戒奢以俭话范质

“历览前贤国与家，成由勤俭败由奢”。只有在俭朴的基础上才能够做到廉洁，反对骄奢淫逸，是一种居安思危、未雨绸缪的智慧。

宋代有一个叫范质的人，九岁能写文章，十三岁攻读诗经，十四岁开始收徒教学，因文采出众、德才兼备受到重用，五朝为官，二朝为相。宋太祖对他尤为器重。宋朝初年被任为侍中，相当于宰相，后进封鲁国公。

范质为官期间，耿直清廉，以节俭著称，从来没有接受过各地的赠送，而他得到的俸禄和赏赐，大多周济了孤苦无依的人，他家的饭菜饮食从不讲究，家里陈设很普通。

有一次，他生了重病，宋太祖听说后前去探望。范质的家人请皇帝用茶，粗瓷大碗惹得皇帝很不高兴。后来，宋太祖又发现范质睡的是硬木板，盖的是旧棉被，心想，范质是朝中一品的大官，怎么能够如此寒酸呢？于是，回到宫中，命人送去雕花床、鸭绒被和高档的茶具。不久，宋太祖再次探访，看到范质家中仍然和原来一样。于是宋太祖就问范质："你身为一品要员，为什么要和自己过不去呢？为什么过得这么寒酸啊！"范质微笑着恭敬地说："皇上您给我的薪俸已经够多了，哪里买不起高档的家具呢？只是如果我的家里摆设豪华奢侈，来访的官员就会效仿，岂不会带坏朝野的风气，成为千古的罪人啊！"宋太祖不禁连连称好，多次朝会上赞扬范质的戒奢以俭的风范。

由于范质生活俭朴，从不向下属官员索受贿赂，培养了一支清正廉洁、才学干练的官员队伍，宋朝走向了稳定和统一的发展道路。

静以修身，俭以养德。节俭惜福，不贪图不义之财，安于贫困，坚守自己的信仰这才是为官做人之道。

原文

节用养廉。仕宦有俸给之薄者，所得不偿所用。赀产优厚犹有可诿，若赀产微薄，悉藉俸给而乃用度不节，日用饮食衣服奴婢之奉便欲一一如意，重之以嫁娶之交迫，必至窘乏。夫平昔奢侈之人一旦窘乏，必不能堪，窥窃之心繇是而起。猾吏弥缝其意，又从而饵之。一旦事露，失位辱身，追悔莫及。故欲养廉，莫若量其所入，节其所用。虽粗衣粝食，节淡度日，然俯仰无愧，居之而安，履之而顺，其心休休，岂不乐哉？（《州县提纲》）

译文

节省用度，培养廉洁。有些官员俸禄较少，收入不够支出。家中经济宽裕者还有个指望，如果家中财产不多，那么全靠俸禄生活而又不节省开支，对日常衣食住行及奴婢侍候的要求又想尽如己意，再加上嫁女娶媳所需费用，必定窘迫穷乏。平常过惯奢侈生活的人一旦窘迫穷乏，必定忍受不住，贪污之便必由此而生。狡猾属吏摸准上司贪财之意后，便设下钓饵勾引他一起贪污舞弊。一旦事情败露，丧失禄位，身受刑辱，追悔莫及。所以要想培养廉洁，没有什么措施能比得上量入为出，节省开支。虽然粗茶淡饭，节俭度日，但无愧上下，在职心安理得，行事合情合理，心里坦然安闲，岂不高兴吗？

解读

人活一世，唯求心安。如果量入为出，节省开支，心里必会坦然安闲。为官之人如果不能安贫乐道，必会起贪财之心，随之就会使出许多不正当手段，以充实自己，但此途终会败露，再回当初之时则不能也。

案例

安贫乐道守清廉

节俭是中华民族的传统美德。古时候，官员的薪俸都不高，如果不能做到节俭的话，根本不可能做到廉洁。

苏东坡是北宋时期的大文学家，曾当过翰林学院的学士。但是因为抨击朝廷横征暴敛，结果被贬谪黄州，薪俸也减少了很多，每月仅有四千五百个铜钱。苏东坡生性放荡不羁，好交友，好美食，好品茗，更喜好游山玩水，为了补贴家用，他带领家人开垦城东的一块坡地，从此号称“东坡居士”。

一天，他的老朋友来访，见客厅的梁上悬挂着三十一个竹筒和一个大竹筒，心里十分纳闷。苏东坡一见老朋友，就让家人去备酒菜，要与好朋友畅饮高歌。家人答应后用叉子将大梁上的大竹筒挑了下来，拿进屋子里去了。这位朋友不禁问道：“东坡兄，你这个大竹筒是干什么用的？”苏东坡笑而不答。只见他起身又叉下一个竹筒，倒出里面的东西。原来是数十枚铜钱。朋友更纳闷了。苏东坡这才朗声大笑起来，说出竹筒之迷。原来，为了做到有计划的安排开支，量入为出，他把薪水分成三十一份，分别装在竹筒中挂在屋梁上，每天仅用一个作为当日的开支。如有结余，则将结余放入大竹筒，用于过节和有客来访时的开销。苏东坡说：“我的薪水少，如果不节约开支的话，我的钱将不够用，这样的话我会整天担心经济上的问题，就做不到清廉守节，哪里还会有如此逍遥的日子可过呢？！”这位朋友听了，称赞不已。

后来，他又在朝廷做了高官，仍然很节俭。他规定每餐只能一饭一菜，有客人来的话也只能增加两个菜，否则拒绝用餐。有一次，一个朋友请客，做了很丰富的一桌酒席，苏东坡觉得太奢侈，不肯入席，转身就走。朋友感慨地说：“没想到苏东坡如今身居高位还像当年一样节俭啊！”

对于官员而言，贪污受贿，不廉洁，往往是因为贪得无厌、迷恋奢侈生活，而俭朴的德行有助于抑制这种过分的欲望，所以，节俭是富国的重要国策，也是防腐倡廉的重要途径。

原文

戒贪。普天率土，生人无穷也，然受国宠灵而为民司牧者，能几何？人既受命以牧斯民矣，而不能守公廉之心，是不自爱也，宁不为世所诮耶？况一身之微，所享能几？厥心溪壑，适以自贼。一或罪及，上孤国恩，中贻亲辱，下使乡邻朋友蒙诟凶羞，虽任累千金，不足以偿一夕缧绁之苦。与其戚于已败，曷若严于未然。嗟尔有官，所宜深戒！（《牧民忠告》）

译文

戒除贪心。在国家广大的土地上，有着无数的人，然而受到国家恩宠而担任一定官职的，又能有多少人？官员既然接受任命治理民众，但不能坚持公正廉洁，这是不自爱的表现，难道能不遭到世人的斥责吗？何况一个人寿命有限，又能享用多少呢？贪心如同溪壑，恰恰是自己伤害自己。一旦因罪受刑罢官，上负国恩，中使父母受辱，下使乡邻朋友遭受羞辱，即使当官在任时积累下了千金之财，也抵不上入狱一天的苦难。与其在罪行败露之后去忧愁，不如在没犯罪时严格约束自己。啊！你们这些当官在位的人，应该时刻提醒自己！

解读

为官之人如果想贪污，就要先算一笔账。如果不贪污，心里无负担，人民也都会赞扬自己；如果贪污，则自己心里会害怕，人民会背后指责自己，最后朝廷会处罚自己，与其这样，还不如严格约束自己。

案例

贪得金银千万贯，无福受用终成空

人往往视金银明珠为宝物，但是人的生命比金银明珠更为宝贵，贪污的人不惜性命去贪图那些金银珠宝，实在不是明智之举。

春秋时期，秦惠文王想攻打蜀国，但是蜀国有着天然的屏障，俗话说“蜀道难，难于上青天”。怎么办呢？有个谋士献了一计，请工匠雕五头石牛，把很多的金子放在牛的屁股后面，说这是牛拉出来的。并说这些石牛都是会拉金子的天牛，把它们献给蜀王。

蜀王贪财，一听秦王将会拉金子的天牛送给自己，信以为真，于是派了五个大力士去拖石牛。五个大力士费尽千辛万苦，才将石牛拖到了蜀国。

秦国到蜀国的道路就这样被开辟出来了。于是，秦国的大军尾随而至，灭掉了蜀国。

汉代的大司农田延年，办公事的时候征用民间牛车三千万辆，将原来一千钱的租金用欺诈的手法涨到两千钱，共得六千万，私自侵吞三千万。以为人不知鬼不觉，没想到，他的对头正在秘密搜集他的违法乱纪的材料，于是，田延年贪污之事很快被揭发。田延年自知罪孽深重，羞愧难当，于是自杀身亡。

清代的和珅，更是历代文武大臣贪官之首。和珅当政二十五年，被查抄之时，史料记载：夹墙私库有金三万二千余两，地窖内埋藏银三百余万两，还有取租之地一千二百六十余顷、取租之房一千余间，以及大量珠宝玉器衣服书籍等，数量之巨大，前所未有。嘉庆皇帝赐其白绫一条，命他自尽之时，正值中秋佳节，和珅才感叹自己贪污得来的财富虽然富比皇室，到头来身陷囹圄，尝尽凄凉、冷清、饥饿、刑罚、痛苦的滋味，死后一切将是一场空，落得如此悲惨的下场不值得啊。

国君贪婪，必定亡国；臣子贪婪，必定丧命。贪欲，无疑是罪恶的源泉。人的一生又能享用多少钱财呢？贪婪的结局无外乎身死名灭，沦为人们街谈巷议的笑柄。与其在犯罪之后去感叹，不如严格约束自己，戒贪从俭，廉洁自律。

原文

嗜好宜戒。一人之身，待于旁者、候于下者、奔走于外乾，不啻数十、百人，莫不窥伺辞意乘间舞弊。不特声色货利无一可染，即读书赋诗、临池作画，皆为召弊之缘。当其兴到时，或试以公事，稍有不耐烦之色，即弊所从起也。人非圣贤，谁无嗜好，须力自禁持，能寓意于物而不凝滞于物，斯为得之。(《学治臆说》)

译文

当官的人应该戒除各种嗜好。一个官员在位，内外服侍奔走的仆役属吏不下数十乃至百人。他们都在旁边窥伺官员的意旨动向，企图乘机作弊。不仅不能沾染一点声色货利，就是读书赋诗、练字作画等事都是招致弊端的祸根。当官员兴致正浓时，他们或许就会用公事来进行试探，稍微显出不耐烦的神态，弊端就产生了。一般官员又不是圣贤，都或多或少有一点嗜好，应该极力自我克制，能做到寄托雅兴而不觉溺其中就可以了。

解读

有些人投其所好，以求其利。为官之人就是这些人的目标，所以为官之人要克制自我的嗜好，不要为了嗜好而做出于公不利之事。要禁得住各种诱惑的考验，不能因为嗜好一事而害了自己。

案例

宠猫如痴，求仙成梦

做官之人，兴趣爱好必须要有节制，否则就会遭到别有用心的人的利用。更不能因为自己的嗜好，做出对国家不利的事情。

明朝嘉靖皇帝晚年的时候，开始迷信道教。道士邵元节和方士陶仲文受宠，先后授予礼部尚书的高官。而户部主事海瑞上书劝阻几乎丧命。于是，一帮阿谀奉承的官员见机进贡一些白鹿、白雁、白鹤、白猫等宠物，获得皇帝的封赏。

嘉靖皇帝最喜爱的是两只漂亮的猫，一只叫作“雪眉”，一只叫作“狮猫”。他特别喜欢这两只猫，整天与猫为伴，如痴如迷，常常不理朝政、不问民情。他还举行仪式，庄重地封雪眉为“虬龙”，雪眉死了，他伤心得几天不吃不喝，将其埋葬在万岁山，并为它立碑题名“虬龙墓”。狮猫死后，他用黄金铸造了一口棺材，举行隆重的葬礼仪式厚葬，还请当朝的大臣给它做祭文。祭文做得好的还被提升了官职。明朝的功臣名将都没有哪个受到过这两只猫一样的隆重待遇。

嘉靖皇帝整天求神问道，祈求长生不老，他到处搜罗秘方，许多人因此一步登天。一些文人也因为为嘉靖皇帝撰写向上天祷告的词文“青词”而封了官。严嵩就是凭借善于写青词揣摩皇帝的心思成为了宰相。

嘉靖皇帝为了求得成道成仙，甚至二十年不上朝听政，宰相严嵩乘机横行乱政、贪赃枉法，不仅使得嘉靖皇帝早年推行的新政不能彻底实施，国势日趋没落，北方蒙古铁骑侵扰不断，而有识之士不能为国家出力，甚至惨遭杀害，而嘉靖皇帝还在宫内宫外兴建大量的宫殿庙宇，百姓苦不堪言，政治经济出现了深刻的危机。

而嘉靖皇帝却因为常年服用丹药，身体越来越差，求仙不成而死去。

为官者的嗜好，往往会被人利用作为讨好和献媚的良方，而为官之人如果不能克制自己的欲望，经受诱惑的考验，就会被嗜好所害。

原文

人之子孙富贵贫贱，莫不各有一定之命。世之人不明诸此，往往于仁宦中昧冒礼法，取不义之财，欲为子孙计。殊不知子孙诚有富贵之命，今虽无立锥之地以遗之，他日之富贵将自至。使其无富贵之命，虽积金如山，亦将荡然不能保矣。况不义而入者，又有悖出之祸乎。(《从政遗规》)

译文

子孙后代的富贵贫贱，都是命中注定的。世上的人不明白这一点。往往在当官时触犯法律制度，贪取不义之财，以便留给子孙。竟不知道子孙如果真是有富贵的命，即使现在没有一寸土地留给他，日后富贵自然会降临到他头上。假使他是没有富贵的命，即使给他留下一座金山，也会荡然无存。何况用不正当手段获得的财产，还全遭到各种破财的横祸呢。

解读

贪污之官的贪污理由也许是为了子孙后代，其实儿孙自有儿孙福，儿孙有本领的，根本不需要祖上的钱财；儿孙没本领的，即使有了这些钱财，也会花得不安生，产生各种矛盾。

案例

为官谨记披肝胆,家财莫为子孙谋

世人都希望自己的子女生活得更好点，都希望给自己的子女留下点财富。然而做官的人，如果依靠贪污受贿获得的财富，不仅不能给子女带来幸福，还会给他们带来灾难。

东汉时期汤州太守杨震，因公事路过荆州，晚上住在旅馆里，他从前举荐过的荆州县令王密前来拜见，并送来十斤金子答谢杨震的知遇之恩。杨震拒不接受。王密急了，就说:“夜已经深了，不会有人知道这件事的。”杨震义正词严地说:“天知，地知，你知，我知。怎么能说没有人知道呢？”王密惭愧地走了。

杨震清廉奉公，他的子女常常素食，出行都是走路。有朋友就建议杨震为儿女们购置些产业。杨震不愿意，并说:“让后代的人们都说他们是清官的子孙，把这个荣誉留给他们，使他们也具备清廉之德，就是最好的财富啊！”

唐代有个郎中崔玄驭的儿子在外地当官，有人告诉他说:“你的儿子在外面很穷，都快要活不下去了。”他听后很高兴，说:“这真是个好消息，如果你们说他穿着漂亮的绸衣，骑着高头大马，我反而要为他担忧。因为如果那样的话，他不免要靠不义之财致富，难免会有个三长两短。”

明代宰相徐阶，晚年为子女谋占土地二十四万亩，引起巨大的民愤，不仅自己被迫辞官，最终两个儿子一个被判充军，另一个革职为民，他家的万亩田地也被没收充公了。

“为官谨记披肝胆，家财莫为子孙谋。”为官者要献身国家，处处以国计民生为重，不要为子孙谋取家财，才是明智之举。假如子孙后代没有什么本事，就是留下了万贯家产也会被挥霍一空，君不见，现在多少先人的大宅院全部换成了异姓人。

原文

虽官非事事求贿，而若辈必曰：非贿不可假官之声势，实役之橐囊。官已受其挟持，不能治其撞骗，且官以墨著，讼者以多财为雄，未尝行贿亦昌贿名。其行贿者，又好虚张其数自诩，富豪假如费藏镪三百两，必号于人曰五百两。而此三百两者说合过付吏役，家人在在分肥。官之所入不能及半，而物议讹传多以虚数布闻。上官之贤者，必摭他事弹劾，即意甚怜才，亦必予以愧厉之。方其不贤者，则取其半以办公，而所出之数已浮于所入之数，不得不更求他贿，自补其匮，而上官之风闻覆至。(《学治臆说》)

译文

虽然做官的也并不是每件事都要求得到贿赂，但那些人一定会说：不接受贿赂就不能假借当官者的声威和力量，充实手下人的口袋。当官的人一旦受到了行贿者的挟持，就不能够惩治奸邪之辈招摇撞骗的丑恶行为。再说，如果一个当官的人以受贿出了名，那打官司的人必定会以财力雄厚而称霸，即使他没有行贿也打着行了贿的招牌。那些行贿送礼的人，都喜欢夸大行贿的数目，并且因此而沾沾自喜。富豪之家如果花了三百两银子的贿礼，必定在别人面前吹牛说成五百两。可是这到手的三百两银子，要给付从中说和的差役，家人们层层分赃，当官的所得到的还没有一半，可别人的议论讹传却都按虚数五百两传到上级那里。贤明的上级听说后就一定要拿其他事情来弹劾他，即使心里特别爱惜他的才能，不罢免他的官职，也必定让他感到羞愧而自勉。如果遇上不贤明的上级，就会拿走他得到的一半来办公事，他付出的数目超过了受贿所得到的数目，就不得不再索取其他贿赂来弥补亏空，这样一来上级那里的传闻又到来了。

解读

这里提到的是受贿的官和行贿的人的关系，受贿的官为的是声威，打点手下的人。而官可恶外，行贿的人更可恶，他们会虚假宣传行贿之数，进而传播到上级那里，引起一连串的连锁反应，弄到最后不可收拾，形成越受贿越贪的恶循环中。

案例

官场潜规则

贪污腐化是阶级社会的痼疾，是一切剥削和统治阶级的通病。

明代一个正二品的六部尚书年薪纹银一百五十二两，清代的一品大员年薪纹银一百八十两，那些职位低权力小的就更少了。那么，要买房子、养仆人、置行头、请客吃饭、给皇上太后送寿礼的钱从哪里来呢？当然是地方官员的“孝敬”了，地方官员的钱又从哪里来呢？不是贪污就是搜刮民脂民膏，于是，就形成了官场的潜规则。除非你能够洁身自好，永远甘于贫困。

严嵩在当宰相之前，就公然向宗室藩王索取贿赂。在当上礼部侍郎兼翰林学士之初，更是结党营私，卖官鬻爵，敲诈勒索，贪得无厌。他甚至以贿赂钱财的多少来决定学生的录取资格。严嵩家产被抄之时，共抄得黄金三万多两，白银二百万两，相当于当时全国一年的财政总收入，此外还有田地上百万亩，房屋六千多间，以及无数的珍稀古玩、名人字画。

这一类人，做官的唯一目的就是发财，当官前拼命跑官买官，当了官后则拼命搜刮民脂民膏。

尽管许多人十分鄙视官场潜规则，但是个人力量毕竟有限，如果你不按照这个规则办事，在事实上就行不通。所以就连林则徐这样的好官，也按照官场陋规收红包。据一个叫张集馨的人记载，他从朔平知府到陕西管理西北军粮，四处借贷一万九千两银子买礼物送给朝中的官员和朋友，到任后一年四季送给巡抚的规礼五千二百两。这个巡抚，就是鸦片战争中闻名于世的林则徐。

然而，有多少人买官是为了实现自己的个人价值或荣誉的呢？多数人一旦当上了官，就会盘算着加倍收回自己的“投资”，社会的腐败就越来越严重了。

原文

俭有四益。凡人贪淫之过，未有不生于奢侈者，俭则不贪不淫，可以养德，一益也。人之受用，自有剂量，省啬淡泊，有长久之理，可以养寿，二益也。醉浓饱鲜，昏人神智，若蔬食菜羹，则肠胃清虚，无滓无秽，可以养神，三益也。奢则妄取苟求，志气卑辱，一从俭约，则于人无求，于己无愧，可以养气，四益也。(《宦游日记》)

译文

俭朴有四大好处。人所犯下的贪淫过失，都是由于生活奢侈，生活俭朴则不贪不淫，可以培养自己好的品德，这是第一个好处。人所享用的物资，自有一定数量，生活节省，不追求名利，其中包含长久的道理，可以增加自己的寿命，这是第二个好处。美酒佳肴过分醉饱，使人神志昏迷，如果多吃素食菜羹，则肠胃易消化，不致存留毒素渣滓，可以培养精神，这是第三个好处。要想满足奢侈生活，势必非分贪求，使人胸无大志，而一过上俭朴生活，则不必求人，自己也问心无愧，可以培养自己的志气，这是第四个好处。

解读

既然戒贪要俭朴，那俭朴有什么好处呢？这里就列举了四点好处，一是养德，二是长寿，三是养身，四是长志气。其实俭朴从本质上来说，是对生活的一种“戒”，只有面对生活中的各种欲望时，有一种“戒”的心态，才能不去贪求，做得一个清白之官。

案例

仁者长寿，和则养生

晏婴是著名的政治家和外交家，史书上记载，他身高仅一米四左右，但是他博学多才，充满幽默和智慧。晏婴一生辅政齐国五十五年，经历了三位君主。他大公无私殚心竭力地拯救内忧外患的齐国，在对外出使时，既灵活又坚持原则，捍卫了齐国的国格和国威。

晏婴一直勤恳廉洁，清白公正。他管理国家秉公无私。亲戚朋友求他办事，他总是按规则办，他从不接受礼物，还时常把自己的俸禄送给亲戚朋友和穷苦的老百姓。

晏婴生活十分俭朴，吃的是“脱粟之食”“苔菜”，即现在的粗茶淡饭，素食当家；穿的是“缁布之衣”，也就是布衣布褂；上朝坐的是简陋的马车；住的是非常简陋狭小的房子。他还十分注意“戒色”，齐景公觉得晏婴的妻子又老又凶，想把自己的女儿嫁给他，他坚决推辞。他说：“丢弃年老的妻子，叫作乱，迎娶年轻的妻子，叫作淫，如果做丈夫的见色忘义，见富贵而失去伦理道德，叫作叛逆。”晏婴一生生活俭朴，清心寡欲，乐观豁达，对生死淡然。他说，人总是要死的，不论仁者、贤者、贪者、不肖者都不例外。他把生老病死看作自然规律，把功名利禄看作过眼云烟。

晏婴崇尚“仁政爱民”。齐景公之时闹饥荒，晏婴请求国家粮仓赈济百姓。齐景公不同意，但他很想盖一个高台，供游览之用。晏婴就想办法提高老百姓的工资，让百姓到远的地方去取土，慢慢地施工，从不去催逼。三年以后，高台筑成，百姓也渡过了难关。结局是，国君有地方玩，百姓也有饭吃。他对外主张与邻国和平相处。齐景公曾经想攻打鲁国。晏婴劝齐景公“请礼鲁以息吾怨，遗其执，以明吾德”，景公于是放弃了征伐鲁国的打算。此举受到许多诸侯国的赞誉。

据专家考证，晏婴活到九十五岁。在二千五百多年前，医疗条件极差，生活水平十分低下的春秋时代，一个政治家能活到如此高龄，不能不说是一个奇迹。

廉以立身，俭以养德。仁德之心，必助人长寿。

第十

晚节卷

原文

人知名位为乐，不知无名位之乐为最真。仕途虽赫奕，常思林下的风味，则权势之念最轻。(《菜根谭》)

译文

人人都知道有名声、有官职是一大乐事，不知道没有名声、没有官职的快乐才是最真切的。入仕为官后，即使声名显赫，若能常常想到退休隐居后的闲情逸致，那么占有权势的欲望自然会减小。

解读

当官有权虽然是好事，但为官有为官的辛苦，为官有为官的难处。在为官之时要公正清廉，要为民谋福。在此之时，要常想退休之时，换位思考自己不为官时的处境，这样会更加公正清廉，占有权势的欲望也会减小。

案例

为官千日好，无官一身轻

功名虽然会显赫一时，但是却会因时因地因人因事繁杂困扰，所以，自古以来，一些君子都喜好对酒当歌，无拘无束地过着潇洒狂放的日子。

宋代有名贤士杨朴，性格豪放，好饮酒，常常随意评论和指责时政弊端，令一些当官的难堪。正所谓无官一身轻。他的妻子也是个非常贤良的妇人，因为害怕他口无遮拦地评论时事，会惹来灾难，于是就劝他隐居到山林。于是他就带着妻子女儿一起到了河南杞县的山中，过着男耕女织、砍柴钓鱼的悠闲日子。杨朴在山中，每天看着清风白云，鸟叫蝉鸣，美美地开怀畅饮，顺口吟咏，常常写出优美的诗词。

宋真宗为帝时，为了治理天下广招贤士，听说有个饱学之士名叫杨朴，隐在山中，于是找人召他进京为官。

杨朴过惯了山中自由自在的日子，山林之中的快乐让他对当官已经毫无兴趣，当宋真宗问他："听说你醉了都能吟诵出治国的良策，是真的吗？"杨朴回答说："我不会写诗，倒是我的妻子在我进京的时候写了一首诗给我。"宋真宗就让他写下来看，杨朴便用一手磅礴、苍劲的草书挥笔而就：更休落魄耽杯酒，且莫猖狂爱咏诗。今日捉将官里去，这回断送老头皮。意思是说杨朴是个贪杯恋酒的落魄书生，爱喝醉酒猖狂，这回被官府送进来做官，只怕会性命难保。原来妻子怕杨朴那狂傲的气质不合适做官，一旦进入官场只怕会遭到灭顶之灾。

宋真宗看罢诗后，明白杨朴是借妻子的诗来拒绝做官，于是就把杨朴打发回去了。

人人都说做官好，杨朴却认为官场繁文缛节，要操心的事情太多，不如对着清风明月，把酒当歌，仿佛把自己也吟成了迷蒙的山色，婆娑的树影，伴同潺潺的诗句，流溶进寂静的山林……

正所谓为官千日好，无官一身轻。做官虽然有做官的好处，但是，要做一个为民谋福的好官，必须要殚精竭虑，耗神费力，而无官则可以很轻松地过着悠闲的日子，更加自由自在。

原文

职不可恋，作吏者，公私罪名，有动多连，故服官曰待罪。惟（唯）不贪不酷，不亏不帑，即免大戾，其他不韪，皆公过耳。与其恋栈罹辟，何如奉法去官。此处关头，须独断在心，切不可迟疑商酌，一有游移，妻子皆足为累。（《学治臆说》）

译文

官职不可留恋。当官的人不论办公事还是私事，都容易犯错得罪，因此官场上的人都把当官叫作待罪。只有不贪污、不残酷、不挪用公款，才可免去大罪，其他的错误，则都是因为公事而犯的过失罢了。与其舍不得离开职位而遭受刑法，还不如按制度退职。在这个重大关键时刻，一定要能当机立断，切不可犹豫、请他人帮忙决定，一出现犹豫不决的情况，妻室和子女等都会成为自己下决心的拖累。

解读

每个人都有一种生活的惯性，为官之人也不例外。当官时间长了，就会习惯官场的生活，虽然仕途也是险途，伴君如伴虎，但真要到离开官场时，还是有人不舍，出现犹豫不决的状况，怕失去现在的生活，但正如人有代谢，当退就应该退，否则迟则生变。

案例

为官待罪不如退而养身

唐代白居易有诗云："七十而致仕，礼法有明文。何乃贪荣者，斯言如不闻。可怜八九十，齿堕双眸昏。朝露贪名利，夕阳忧子孙。"说的就是某些当官的人，到了七老八十的高龄了，仍然不肯退休的情景。

据沈括《梦溪笔谈》记载，被欧阳修敬称为"闽中文士"的黄宗旦老先生，晚年的时候眼睛患了眼疾，却拒不退休，他在每次向皇帝汇报之前，都把奏章背熟，然后再展开装模作样地朗读，其实，他的眼睛根本看不清楚奏章，有一次，一个大臣故意捉弄他，趁其不备换掉了他的奏章，结果，黄宗旦所奏与所提交的奏章不符，闹了个大笑话。

据明史记载，曾经有个叫作马翔的湖广指挥使，年纪已经到了七十五岁，耳朵已经聋了，眼睛也已经看不清东西了，但是仍然不肯退休，手下的人也不服从他的管理，城池不修、器械不整，于是他的上司湖广按察使徐仲麟只好上奏巡按御史，请求按律法处置他。可怜马翔，为了不离开官场，却丢失了性命。

与其舍不得官位而遭受刑法，倒不如早点退休，颐养天年。

司空图三十三岁时受到礼部侍郎王凝的赞赏，召请他为幕府，原宰相卢携也很欣赏他的才华，后来卢携重新执政后，任命司空图为礼部员外郎，不久就升为郎中。

后来黄巢起义，司空图追随天子避难，虽然没有一起走成，但是司空图历经千辛万苦，追随到了河中，僖宗封他为中书舍人，龙纪初年，司空图因病辞官。后来皇帝又多次召他入京做官，他都借口自己的腿有病坚持请辞。

司空图退休后就在中条山王官谷的老家隐居不出，还写下文章表明自己的心志："辞官，能够安闲自得，是件美事。本来，第一，衡量我的才能，不能做官；第二，估量我的素质，我不宜做官；第三，我现在老了后变得迂腐，更不宜做官了。"每年过年的时候，他就到乡里和乡里的老人一起击鼓跳舞祝祷，过得很开心。王重荣父子非常看重他，多次送东西给他，他都不收。为了作碑，王重荣赠绢几千匹，司空图把绢放在虞乡市上，任人拾取，一天就拿光了。当时有很多山贼到处抢掠烧杀，都不去王官谷。不少读书人都去那里避难。司空图享年七十二岁。

官位不可贪恋，在位时为国尽力，年老时辞职告老还乡，都是高风亮节的行为。如果为了贪图富贵名利，而对官位恋恋不舍，则实在不是明智之举。

原文

古人以休官致政为释重负而脱羁囚。窃尝思之，诚有是理。方其仕也，严出入而慎起居，一颦一笑亦不敢以轻假人。盖一身而为众师表，少逾规矩，谤议四闻。譬之特行于高屋之上，自顶至踵，在下者无不见之也。一朝代至，完身而去，讵止如释重负、脱羁囚而已哉！尝见仕而休居者，往往不喜，或命子侄，或托朋友，市奸构讼，靡政不及，小有所违，则曰去官同见任，使新上任者法格令弛，拒纳难容，而挠沮排柢、为状百端，细民无和，亦从而靡设。使己政之初，人以是荐扰，当若何？推心体之，必自知其可恶矣。(《牧民忠告》)

译文

古人把辞官归政比作释去重担和脱离牢狱。我曾经考虑过这个问题，确实是这个道理。当他刚开始上任为官时，进出起居都必须严肃审慎，一颦一笑也不敢随意让人看见。他自己是众人的典范，稍微有一点越轨行为，诽谤立刻就来了。好比一个人在高屋上行走，自头顶到脚跟都被人看得清清楚楚。一旦继任官员来接任，自己未犯一点错误离职返家，岂只像释去重担和脱离牢狱吗？曾经见到一些退休在家的官员，对于退休很不满意，或者命令子倒，或者委托朋友，收买奸人挑起诉讼，干扰现任官员的一切行政举措，稍微有一点违背了他的意愿，他就说退职官等同现任官，使现任官难以贯彻执行法令，拒绝和接受都难以容身，而他还要百般阻挠破坏。小民无知，也随着他而不接受现任官的治理。假使自己刚上任为官时，别人也像这样一再干扰，该怎么办呢？设身地体会后，自己一定也认为这种人十分可恶。

解读

官员退职如脱牢笼，很贴切的比喻。可现实中，就有许多脱牢笼的人，还在官场中指手画脚，退而不休。这样的官员在现实中也比比皆是，他们不想人一走茶就凉，总想着还在官场中发挥余温，可这余温也许是多余的，让人十分讨厌。

案例

荐善惩恶惹人敬，纵儿奸权遭人恨

很多官员辞官后都过着闲云野鹤的生活，或者信奉佛教或者道教作为精神寄托，就好像释去重担一般，但是，却有些人对退休却很失落。

东汉年间，有个尚书令叫杜密告老还乡后，仍然热衷于政事，他常常到官府里去谈事情，说东道西，太守王昱不胜其烦，于是，就对他说："同乡的刘胜，退休之后，闭门修养，朝里的官员们都夸刘胜是个清廉高尚的人。"杜密一听就明白了，但是，他回答说："刘胜是朝廷大官，受到你们地方官员的礼遇，但是，他明知是好事、好人却不表扬、推荐，听到不好的事情也一言不发。为了保护自己，形同寒蝉，这是罪过啊！而我只要发现人才和好的行为，就一定会向你这个父母官汇报，见到违反道义、丧失节操的不良之士，我也会毫不犹豫地纠正，使得你能做到赏罚都很公正。不是对你们很有帮助吗？！"王昱于是很惭愧，对他慢慢地客气起来。

发挥余热能够做到举荐贤良、扬善惩恶倒也罢了，然而，有些官员，不仅是干扰现任官员的管理，甚至依托官场上的关系，包庇犯罪的家人，则是可恶至极。

明代松江府告老还乡的太师徐阶的儿子徐瑛霸占民田，鱼肉乡里，还强占民女赵小兰。小兰母亲告状后，华亭县令王明友受贿，打死了小兰的祖父。当时应天巡抚海瑞微服私访，路遇赵小兰的母亲，后查明真相，判处了徐瑛和王明友死罪，并责令退田。徐阶用三万两黄金贿赂给事戴凤翔，又通过张居正的关系罢免了海瑞和蔡国熙。所以当时人称他："家居之罢相，能逐朝廷之风宪。"有人因此把他称为"权奸"。其行为更让人不齿。

退休，本可以过着安闲的日子，颐养天年，但是，像徐阶这样的人不舍得官场，退而不休，无非是迷恋权力，迷恋权力带来的种种好处罢了。

原文

进之难非难进之谓也。凭人力以求进，必好为其难，往往天不右以人胜，徒有失己之悔，此其故。盖难言之。至退亦不易；则非乃之者不能知也。不获乎上，万无退理。然遇上官宽仁体恤，转得引身以退。幸而获上重其品者，欲资为群僚矜式，爱其才者，欲藉为官事赞襄，责以匪懈之义，不可偷安，督以从公之分，不宜避事，病则疑为伪饰，老则恶其佯衰；感恩以恩縻之，惧威以威怵之，非平素无牵挂之处，必临事多瞻顾之虞，须看得官轻，立得身稳，方可决然舍去，嗟乎！是岂一朝一夕之故哉！（《学治臆说》）

译文

做官想进步很难并不是说难以进步。凭着人力想求得进步，这肯定是非常困难的，往往是人力不能战胜上天的意志，白白有失去自己的悔恨，这是难的缘故。很难说得很清楚。至于退出官场也不容易，那是没有到那个地步的人所不能明白的。没有获得上司的批准，绝没有退了的道理。要是遇到上司宽厚仁爱，体恤下属，那就能够从官场中转过身来，引身而退。如果有幸获得上司的看重，看重他人品的，想拿他做其他官员的榜样；爱惜他才能的，想让他做处理官事的助手，上司就用不能懈怠的道理责备他，说他不能只求目前的安逸；从服从国家的职责的角度指责他，让他不要躲避国事。他说病了，上司怀疑他是假装；他说老了，上司怀疑他假装衰老。他是感恩的人就用恩德笼络他，他是畏惧权威的人就用权威恐吓他。除非平时没有牵挂的地方，遇到这种事情，一定有瞻前顾后的忧虑。必须把官看得很轻，自身立很很稳，才可以决然离去。唉！这哪里是一朝一夕可以做到的呢？

解读

有此事不是想退就能退的，为官也是。为官时想进步不容易，退仕时想退去也不容易，特别是有政绩和能力的人，假如上司和国家都要求你留下时，你是留下还是不留下呢？上司会想各种办法挽留你，让你进退为难，左右失据，这时就需要你前思后想。只有看透的人，才能决然离去，不带走一片云彩。

案例

德高望重累缚，回归自我不易

官场之上，想升职困难，但是，想辞官也不是那么容易的一件事。特别是那些德高望重而且能力又很强的大官。皇帝们往往倚重他们的人脉，赏识他们的才智，用尽心思地进行挽留。

北宋时期的文彦博，是四朝重臣，分别侍奉过，宋仁宗、英宗、神宗、哲宗。任将相五十余年，名镇四方。神宗在位时，七十七岁的文彦博已经获准退休，准备在洛阳安度晚年。当政的司马光看重他的才能和威望，极力推荐，年过八旬的老将文彦博不得已，只有再次出山，担当大任。幸而他老当益壮，处理事物仍然思维敏捷，处理政务井井有条，不负众望。当时皇帝因其高龄，特许“六日一朝，一月两赴经筵”，后来又改为“十日一赴都堂，一月一赴经筵”，能保证机要政务参与决策即可。但是，人老了仍然身处要职，面对繁杂的事物，往往就会力不从心，实在是勉为其难。

仁宗时期，年事已高的张士逊第三次被迫接受宰相的职位，此时他已是75岁高龄。正逢多事之秋，政府决意精简辇官为禁军，辇官们不满于是带着家眷在京城城门口抗议，张士逊正好骑马经过，马受到惊吓，将张士逊掀翻在地。幸好没伤着筋骨。皇帝特许他五日一朝。但是谏官们不放过他，纷纷弹劾，说他上任无所建树，并说“政府岂是养病之地”等，张士逊坐立不安，决意退出官场，连续七次上书“请老”，终于获准退休，在家安享晚年。

可怜一些德高望重的老臣，被皇帝所倚重，请求退休而得不到批准，甚至最终老死任上。“人生七十古来稀”，那些德高望重的老臣们其实何尝不是被德高望重绑架于任上呢？要想摆脱物欲、名利，回归自我，又是多么不容易啊。

原文

衰病当知止。进一阶，更望一阶，仕路岂有止境？昔人以宦海为喻，孤舟一叶，日颠簸于洪涛巨浪中，力稍怯不能把舵，非入溜即落漈矣。幸得近岸，奈何不止？臂力方刚，自宜勤劳国事，分无止理。耄年志进，鲜不偾者。不独州县官也，而州县官之职繁冗细琐，尤其衰病所宜。故自审精神不能管摄，即当凛“知止不殆”之义。(《学治臆说》)

译文

衰老多病的官员应当知道适可而止。升了一级，又望着再升一级，仕途岂能有终止之处？从前有人把当官比作大海航行，一叶孤舟，每天都在惊涛骇浪中颠簸，力量稍微小了一点便掌不住舵，不是被推到浅水处搁浅，就是被冲进海底深处。侥幸能把船靠近岸边，为什么还不登陆呢？臂力正强时，自然应该勤勤恳恳地为国家工作，从尽职这方面来看，那是毫无甩手不干的道理。到了老年还锐意进取，那就很少没有不失败的。这并不仅仅是针对州县官说的，但州县官事务繁多琐碎，尤其不适宜于衰老多病的人。因此官员们在自我感觉到精力不济时，就应当严肃认真地考虑老子所说“知道适可而止，则无危险”的道理。

解读

当身体衰老或有病时，就应该主动提出离休，因为为官是个辛苦的事，没有个好身体是不能胜任的。如果还是强力支撑，于国于己都是不好的，所以就要适可而止，主动提出离职。

案例

卢迈病退保晚节，李斯作孽不可活

做官没有一个好的身体是不能胜任的，如果勉强占住位置，自然不可能做到尽心尽力，倒不如及时退出，让有能力的人去做。

唐代的卢迈，自小尊敬师长，为人诚实忠厚，对待自己很严格，而对待他人则很宽厚，很多人都很喜爱他，家里的长辈也都很青睐器重他。经过两次科考当官，从蓝田尉做到河南主薄，然后升至滁州刺史、右谏议大夫、尚书右丞，他当官奉公守纪、廉洁守法，勤政爱民，最后在众大臣的一致举荐下登上了宰辅的位置。

然而终因操劳过度，卢迈在议政的时候中风，被轿子抬回家中。于是卢迈提出辞职，皇帝不答应，派了其他的宰相前去看望。卢迈于是上书五次，坚决请求辞官，最后，德宗皇帝只好大大地表扬了一番后，遗憾地放卢迈退休。

卢迈因为身体原因，主动提出离职，比起勉为其难地继续为国效力要明智得多。正如孔子所说“知止不殆，适可而止”。对于国家来说，能够空出职位给那些年富力强有能力的人为国效力，而对于自己，则不必再劳心费力，可以安享晚年。

楚国的李斯是个一心想做大事的人。他到了齐国拜荀况为师，学成之后打算去秦国。他的老师非常了解他的为人，知道他想出人头地，做一番伟业，于是告诫他要注意节制，在成功的时候想想“物忌太盛”的道理，给自己留条后路。

李斯到了秦国后，时间不长就显露出自己的才华。他提出的“六国论”很符合秦王的心意，秦王依计行事果然迫使六国就范。他因此得到秦王的器重，做了宰相，帮助秦王登上了帝位并完成了统一天下的大业。

李斯取得了巨大的成功，早已将老师的话置之脑后。到了晚年，李斯并没有急流勇退，而是贪恋富贵，附从赵高的阴谋，篡改了诏书，立胡亥为皇帝。后来，赵高控制了朝中大权，用阴谋陷害李斯，李斯被迫承认谋反，被腰斩于咸阳，夷灭三族。

试想一下，如果李斯能够知道适可为止，在秦始皇死后退出权力斗争的中心，哪里会遭到如此的下场呢？！

老子曾经说过：“知道适可而止，则无危险。”我们在精力不济的时候，常常会出现判断失误，导致灾难的发生，知道适可而止，就是制止危险发生的最好的办法。

原文

造物劳我以生，无论在官在家，总无逸居之日。仕而引退，非尽求自逸也，必自问有不能胜其任者，因不敢旷官窃禄。(《学治臆说》)

译文

上天造人，就是要我们为生活而劳累，因此无论是当官在职还是退职在家，都没有安逸的日子。出仕为官后却退职回家，不完全是为了过安逸的生活，必定是扪心自问后觉得自己不能很好地胜任工作，因此不敢空占着职位不干事而白拿国家俸禄。

解读

当感觉自己不能胜任当前的工作时，就要主动提出离职，不能再空占着官位却不做事。在当今快速变化的年代，这也提醒官员要不断学习，如果实在不能胜任时，就要主动去职。

案例

虞邱子诚意让贤

有了一定职位的人，往往都很害怕失去自己的位置，甚至不能胜任自己的职位了，还是不会主动提出离开。只有真正贤德的人，才会积极地面对，主动地推荐比自己更有才能的人，主动让贤。

春秋时期，楚国的令尹（相当于宰相的大官）虞邱子突然对楚庄王说："我已经年老力衰，该告老还乡了，请您恩准。"楚庄王感到很意外，不答应虞邱子的请求，并说："十年来，你给我办了不少好事，楚国现在慢慢地强盛起来了，我正要好好地奖赏你呢。你为什么反而要告老还乡呢？"虞邱子回答道："奉行公事执行法令，可以得到荣耀；能力品行浅薄，不要期望高的职位，不具备仁德和智慧，不能求取荣华富贵；才能不突出的人，不能得到不相称的职位。如今，我担任令尹一职已经十年了，国家没有进一步治理好，争讼之事也一直没有停止过，有才德的人没有升迁，邪恶得不到声讨和制裁。我久居高位，已经妨碍了贤德人士的升迁之路，光拿着国家的俸禄不能为国家做出贡献，这个样子我将成为国家的罪人了啊。"

楚庄王还是不答应虞邱子的请求，他对虞邱子恳切地挽留道："您的才能众所周知，没有您的辅佐，我哪里能够在中国称为方伯，您帮我把政令推行到偏远的地方，使我能够称霸诸侯，没有了您我该怎么办呢？！"虞邱子于是对楚庄王说："我已经私下里为您谋得一位贤士，他秀美清瘦富有才干，品性清廉无私，他就是在河南治水造福一方的孙叔敖。"楚庄王还是犹疑着不肯答应。

于是虞邱子更加诚恳地说道："长久地固守官位是贪，不推荐贤能的人是欺君，不让官位给他人是不廉洁。而以上的三件事都不能避免的是不忠，难道您希望我成为一个不忠于您的大臣吗？我一定要辞去令尹的职位。"楚庄王听了，非常感动。于是听从了虞邱子的请求，赐给他三百户的封地，并封他做"国老"，接受了他的推荐，任命孙叔敖为令尹。

没有多久，虞邱子的家族里有人犯法，被孙叔敖绳之以法。虞邱子听说了不纵容、不包庇，心里还觉得很高兴，他特地进宫对楚庄王说："我说孙叔敖可以掌管国事，果然如此。奉行国法不偏私，施行刑法不枉曲，不能不说他公正严明啊。"楚庄王也赞同道："多亏了您的举荐啊。"

感觉自己不能胜任了，主动让贤于人，正是体现了虞邱子的贤德。主动让贤是一种风范。急流勇退更显英雄本色。

原文

仕路何常，宜止则止。顾有知止而不获止者。大率家人累之。家人乐于在官，即有不能去官之势。故居官时须使宅门以内仍与家居无异，女红中馈，不改寒素家风，则家人无恋于一官，而退计不难自决矣。(《学治臆说》)

译文

仕途没有什么一定的规矩，适合辞职时就要辞去职务。但也有知道了辞官之时而未能辞官的人，大多是受了家人的连累。只要家属认为在官府是好事，那就能使官员不能轻易辞职。因此当官时要让家属仍像自己未当官时那样过日子，缝补、饮食，自己动手，保持贫寒朴素的家风，那么家属就不会留恋官府的生活，退职的决心也就好下了。

解读

有很多官员不愿意退休离职或许是因为家属的原因，因为为官之人都享受一些特别待遇，家属自然也沾不少光。可去职之后，这些好处都享受不到了，所以在家属的劝阻下，不能轻易去职。要想去除这种阻断，就要平时严格要求家属，使其保持俭朴的个人作风。

案例

两袖清风美名留万世

很多做官的人到了退休的年龄而不愿意退休，无非是自己或者家人迷恋当官的权力和利益。为官清廉，还必须时常教育自己的家人，做官不是为了自己，而是为了国家的利益，才能保住自己的晚节，才可能做到适时而退。

南宋诗人杨万里，为官清正廉洁，不扰百姓，不贪钱物。他从常州知府调任广东时，将自己上万的积钱弃于常州官库，把本属于自己的钱取走，本来是天经地义的事情，而杨万里却弃之如敝屣，两袖清风而去。

杨万里还经常教育夫人和孩子，视钱财如粪土，生活上也要求他们节俭朴素。他在临安当官时，早早就攒齐了能使全家人从临安返回故乡吉州的盘缠，锁进箱子，藏在卧室内。他还经常告诫家人，不许在外面购一物，唯恐一旦退休回家时行李超重成为累赘。杨万里后因政见与上不合辞官。杨万里退休后，有官员许以高官厚禄让他为新建的庭园做“记”，杨万里却说：“官可弃，‘记’不可做。”

杨万里退休回到老家后一无所有，和孩子们一起种了几块地，和夫人一起种菜，还种了一些果树，养了些鸡鸭，过着平淡的生活。

在杨万里的榜样作用下，他的儿子杨长儒也为政清廉，杨长儒做过湖州太守兼庾州节度使、广东经略、福建安抚使，敷文阁直学士等职。他和父亲一样，生活俭朴，天天粗茶淡饭，缩衣节食，可是他十分同情贫苦农民，在广东任官时，曾以自己的七千俸禄钱代农户交了税钱，因而深受百姓的爱戴。他说：“士大夫爱一文，不值一文。从来有名士，不用无名钱。”他在湖州任职时成绩显著，皇帝要赏赐财物给他，杨长儒坚决不肯接受，皇帝很高兴，称他是“不要钱的好官”。

杨万里和杨长儒父子，视金钱如粪土，不但不贪不占，过着清苦的生活，就连自己的钱也要上交国库也要拿出去接济百姓，直到退休也没有攒下一文钱。但是，他们的美名广布天下，留传万世。

不贪不占，视钱财如粪土，视官位如鸿毛，才能在官场上来去自如，才能做到适时而退。

原文

进退皆有为。进则安居以行其志，退则安居以修其所未能，则是进亦有为，退亦有为也。近世士大夫惟狃于进，退则惛然无所猷为，甚而茹愧怀惭，蹙缩不敢一出户。夫轩冕，古人以为傥来之物也，其有也何所加？其无也何所损？不思良贵在我，惟假于物以为重轻焉，则其人品之卑下不待论而可知矣。(《牧民忠告》)

译文

晋职和退职都要有所作为。晋职则安心地去实现自己的抱负，退职则安心地去研习自己还不会做的事，那么这就可以称得上是晋职有所作为，退职也有所作为。近代士大夫只拘泥于晋职，退职则神志不清无所建议，无所作为甚至心怀惭愧，缩头愁眉不敢出门一步。古人认为官位爵禄是无意之间得到的东西，有它不会给我们增加什么，无它也不会使我损失什么，不去想优良、高贵在于自身怎么样，而只想借外在事物提高自己在别人心目中的地位，那么他的人品之低，也就不论而可知了。

解读

官位爵禄皆身外之物也，如果只是假借此等炫耀，以为高人一等，其人品是很低的。要一切随顺自然，在其位谋其政，并尽力做好；退其位则致学，享受更多的快乐。

案例

名利身外物，为民快乐心

一个人如果身怀为国之心、为民之意，那么无论他做官与否，都会有所作为。在官，则尽忠职守；为民，则倾力致学。只要是为了理想奋斗，都会是很快乐的一件事。

北魏时期，贾思勰出生在一个世代务农的书香门第，他的祖父很喜欢读书、学习，尤其重视农业生产技术的学习和研究，对贾思勰一生影响很大。

当时北魏由经济繁荣、社会安定走向经济衰落、政治腐败，贾思勰在高阳担任太守一职，社会的动乱，给老百姓带来了极大的痛苦，自然灾害频繁，农业生产遭到巨大破坏，而当时许多士大夫都不去为民请命，积极寻求解决民生问题的方案，而是忙碌于追求仕途，崇尚空谈，奢靡颓废的空气弥漫整个上层社会。

出于救民众于水火的社会道德责任感，贾思勰决心以自己的实际行动来与之抗衡。贾思勰辞去高阳太守一职，开始致力于农业研究。

贾思勰当过太守，又当过太守的官身，可是他对农业的研究，不是停留在嘴上，或单单把别人的经验写在纸上。他是亲自去做，有了体验，再记录下来。贾思勰为了掌握养羊的经验，他买了二百头羊，自己亲自去养。对种地，贾思勰更是不辞辛苦，到田头，住老农的窝棚，虚心向老农求教。对如何提高土地的地力，使农作物不断从土地得到充足的养料，更有独到而精辟的见解。

贾思勰乐在其中，从不为自己辞官感到后悔。经过多年的实践，他分析、整理、总结，写出了《齐民要术》这部农业科学的巨作。他在书中强调要重视农业生产，农业是社会存在和发展的基础，反对不劳而获、奢靡无度，提倡节俭、勤劳。

官爵名利都是身外之物，唯有尽心尽力使自己成为一个对社会有用的人，才是最快乐的事情，才能享受更多的快乐。

原文

轻去就。士之仕也，有其任斯有其责，有其责斯有其忧。任一县之责者，则忧一县；任一州之责者，则忧一州；任一路之责、天下之责者，则一路与天下为忧也。盖任重则责重，责重则忧深。古之人所以三揖而进，一揖而退者，有以也。虽尧、舜、禹、汤、文、武之为君，皋、夔、稷、契、伊、傅、周、召之为臣，固未尝不忧其责而位为乐也。彼以位为乐者，苟其位者也。呜呼！大圣大贤宜不难于其所任，犹且不自暇逸如此，吾才远不逮圣贤，皋顾可乐其位而重其去也哉！（《牧民忠告》）

译文

应该把退职和就职看得轻些。士人出来做官，有职位就有责任，有责任就有忧虑。负一个县的责任，则忧虑一个县；负一个州的责任，则忧虑一个州；负一路的责任、天下的责任，则忧虑一路与天下。职位高则责任重，责任重则忧虑深。古人之所以行三次拱手礼才晋职，行一次拱手礼就退职，是有一定原因的。即使是尧、舜、禹、汤、文王、武王等圣人为君，皋、夔、稷、契、伊尹、傅说、周公、召公等贤人为臣，也未尝不忧虑他们的责任而以职位为乐。那些以职位为乐的人，只是些占据职位不干事的人。啊！大圣大贤应该是能胜任他们所担任的职务的，但还是夜以继日地处理政事而忘记了休息，我们的才能远远赶不上圣人和贤人，怎么能够以职位为乐而舍不得离职退休呢！

解读

为官是个辛苦活儿，只有占据职位不干事的人才觉得轻闲。历史上有许多圣人和贤人知道权力大责任也大的道理，夜以继日地工作才留得美名，一般的官员都不如它们，怎么能占据着官位而不会得放弃呢?

案例

郑板桥断案辞官

官做得越大，责任也越大，既要有吃大苦、耐大劳的精神，更要有一种如临深渊、如履薄冰的心态。

郑板桥在山东潍县做县令时，经常微服私访。一次，他到民间一个多月没回县衙，所带的干粮吃完了，钱也花光了，身上只剩下三个熟鸡蛋。

郑板桥和随从来到一处破庙，见天色已晚，就在破庙里住了下来。他命令随从在门外轮流望风，他自己则开始整理当天的公事材料。一直忙到天快亮的时候，郑板桥忽然听到了“咕噜、咕噜”的响声，他扭头一看，原来是两只老鼠正在偷鸡蛋。其中一只老鼠把一个鸡蛋紧紧地抱住，骨碌一下滚到桌子下面，然后，另一只老鼠咬住它的尾巴，这样鸡蛋就被老鼠偷走了。郑板桥看得有趣，于是，便不作声地看着两只老鼠偷走了三个鸡蛋。

这时候，天已大亮，他看见一个衙役在门外打盹，另一个则在神台上睡着了。他忽然想要逗逗这两个衙役，于是，就煞有介事地拍打着供桌，向他们喊道:“快起来，快起来，老爷我要升堂议事了！”两个衙役急忙跑到供桌前站好。郑板桥于是问道:“你们刚才谁在门外值守？”把门的那个答道:“老爷，是我。”只听郑板桥突然喝道:“大胆奴才，你可知罪？”那个衙役吓了一跳，扑通一声跪倒在郑板桥面前:“我不知道我犯了什么罪？”郑板桥一本正经的指着桌子问道:“这上面的鸡蛋哪里去了？分明是你夜间饿了偷偷地吃了，还不从实招来！”那个衙役听说鸡蛋丢了，忙分辩道:“我真的没有偷吃那三个鸡蛋。”郑板桥装出愤怒的样子，对另一个衙役说:“给我狠狠打他二十大板，看他招还是不招。”话音刚落，那个衙役就连声说道:“老爷，饶了我吧，我愿意从实招来。”于是，那个衙役就编造了一个自己如何偷鸡蛋的经过，说得绘声绘色，就好像真的一样。

这下，郑板桥再也笑不出来了，好半天都说不出话。他对两个衙役说：“我只是想逗你们玩一下，我看到老鼠偷了那三个鸡蛋。但是，没想到你却招了。分明你是怕那二十大板啊。可见，这些年，我不知错打了多少板子，错断了多少案子啊。”

后来，他长叹了一口气，站起来在庙里踱来踱去，边走边想，“做官的责任大啊，我这官要是再做下去，不知道还会做出多少伤天害理的事情来，不如趁早回家种田去吧。”于是，郑板桥辞去县令，并且发誓一生一世不再做官。

为官一任，造福一方，不是轻轻松松、舒舒服服、潇潇洒洒所能完成了的，必须要付出极大的努力和热情。郑板桥的辞官，表现出了一种对权力的敬畏和忧患。

原文

圣人谓道合则服从，不可则去。为人臣者亦当烛几先见，退身于未辱之前，庶几君臣之间两无所歉。尝见前代为臣不免者，大率皆由知进而不知退、恋慕荣宠以致之殆，不宜独咎国家也。(《庙堂忠告》)

译文

孔夫子曾经说政见投合则真心诚意地做臣子，不投合则毫不犹豫地离开。做臣子的也应当洞悉事态发展的征兆，有先见之前，在没有受辱之前就退休离职，这才有君臣互不产生歉意的可能。曾经见过前代那些未能无罪退休官员的事，大都是由于他们只知晋级上升而不知适时退体、贪恋荣华富贵的原因，不应该只归咎于国家。

解读

为官之人要有政治的敏感性，不能在该离开时还赖在官位上不放手，古代许多人就是有着那一份贪婪之心，结果落得身败名裂的结局。还是要从自身找原因呀，多想想自身的进退之道，须放手时要放手。

案例

道不同不相与谋

君子需要容纳不同的观点，但是，不同目标的人，就不能勉强共事。君臣之间，则更是要如此。否则，无外乎身败名裂甚至搭上自己的小命。

荀彧曾经是山东济南的一个小县令，公元189年，因为董卓当政，荀彧警觉到天下有变，便辞官回归故里。后来他投奔了曹操，由于他出众的才能被曹操重用。

荀彧劝曹操率领义兵救助落难的皇帝，“奉天子而令诸侯”，他希望曹操在国难当头的时候挺身而出，帮助汉献帝恢复汉室，征讨军阀，做一个“立德、立功”的大英雄。

不久，曹操就听从了荀彧的建议，把汉献帝接到许昌。不过，曹操是个有野心的人，他的目的并不是恢复汉室，而是他自己想称帝，想“挟天子而令诸侯”，建立自己强大的军事化集团。荀彧并没有敏感地察觉到这些，还因此建议被封为万岁亭侯，并担任尚书令。

公元212年，汉献帝建安十七年，曹操就露出了狼子野心，想当魏国公，立即遭到荀彧的反对。

荀彧这个时候还要劝阻曹操，他严肃地对曹操说：“丞相啊，我当初之所以劝你奉天子而令诸侯，为的是挽救国家的危亡。所以，你应该懂得做一个臣子的忠诚和谦退，而不是利用手中权势来谋取私人的利益。”

曹操听到这番劝阻，再也无法信任荀彧，认为荀彧将成为他称帝的绊脚石，于是想尽办法要铲除荀彧。不久，被曹操逼得没有办法的荀彧在家中烧掉了他所有的兵书、笔记、资料，然后服毒自杀，死的时候，年仅49岁。

荀彧曾经多次与曹操谈论“投戈讲艺、息马论道”的管理哲学，他是那样向往太平盛世的美好生活，他也因此那样忠诚地帮助曹操。可叹的是，他最终落得的是一个惨死的下场。

荀彧想辅佐汉朝政权，而曹操则想称王称帝。他的死正是因为他和曹操的政见不合。如果荀彧知道了曹操的野心后能够及时退出，就不至于被逼惨死。

道不同，不相与谋，该放手时须放手。

原文

去官之后，即为乡人，自应还故乡，依先陇。尝见罢官者或居宦游之省，或籍流寓之方。熟筹全局，请为诵五柳先生《归去来辞》。(《学治臆说》)

译文

辞官之后，就是普通乡民，自然应该返回故乡，归依祖先田产庐墓之处。曾见一些罢了官的人，或者留居自己曾当官的省，或者四处迁徙而不返乡。全面深入地考虑退休后的形势，请读五柳先生的《归去来兮辞》。

解读

陶渊明《归去来兮辞·并序》中说："云无心以出岫，鸟倦飞而知还"；又说："富贵非吾愿，帝乡不可期。怀良辰以孤往，或植杖而耘耔。登东皋以舒啸，临清流而赋诗。聊乘化以归尽，乐夫天命复奚疑！"致仕之官就应该安安静静回归故乡，享受田园之乐，不应该在留恋他乡之景而不归也。

案例

叶落归根，不亦乐乎

辞官之后，就是普通的老百姓，就要有平和的心态，抱着悠闲愉悦的生活态度，才能够得到世人的尊重。叶落归根，就是最好的选择。

辽朝末年，有一名高官叫马直温，因为退休回到家中，比较失落，这个时候，他的夫人却来祝贺他，并且说道：“我嫁给你已经五十年了，黑头发已经变成了白发，如今儿孙满堂，家里的事情也都打理得井井有条，我很满足。但是，我很怀念我们的老家，那里的田地、菜园恐怕已经荒芜了。现在，你被批准退休，我想回到老家，和你一起去看看老家的山山水水，一起欣赏田园的美丽风情，这难道不是一件美妙的事情吗？”

马大人听了，觉得很有道理，于是，高高兴兴地和夫人回到老家颐养天年。

唐代的肃嵩辞去了太子太师的职位后，回到老家在园林里种植了不少果树，并不再过问政事，过着悠闲舒适的生活，同时也不再和官员们来往。

白居易辞官后，给朋友的诗中说到退休后的生活：“南北东西无所羁，挂冠自在胜分司。探花尝酒多先到，拜表行香尽不知。炮笋烹鱼饱飧后，拥袍枕臂醉眠时。报君一语君应笑，兼亦无心羡保釐。”“昨日复今辰，悠悠七十春。所经多故处，却想似前身。散秩优游老，闲居净洁贫。螺杯中有物，鹤氅上无尘。解佩收朝带，抽簪换野巾。风仪与名号，别是一生人。”吃着山珍海味，生活自由自在，白居易感到非常满意，这种“闲适”的生活反映了他“穷则独善其身”的人生哲学。

辞去官职，安安静静地回到故乡，享受落叶归根的快乐，不再为政事忧心，不再为国事烦扰，不亦乐乎！